フリーランスが知らないと損するお金と法律のはなし

師走トオル
Toru Shiwasu

ソーテック社

将来フリーランスになるかもしれない人にこの話をしたい最大の理由

まず申し訳ありません、一点訂正から入ります。

本書の帯には「１００万円得しました」とありますが、実はあれはウソです。

本当は１００万円どころか**３００万円ぐらい得してます**。ですが１００万円ならともかく３００万円と書くといくらなんでも嘘くさいのでは、という判断で１００万円という表記にしました。本当にフリーランス向けの制度の中には、**それぐらい貯金を増やす効果があるん**です。そして本書はそういった、幅広いフリーランス（個人事業主）に適用可能な「お金に関わる制度」の解説本と考えて頂ければと思います。

フリーランスのお金の不安

今更こうやって書くのも野暮ですが、**フリーランスというのは大変不安定な職業**です。収入は毎年激変しますし、退職金もなければ失業保険もなく、それどころか育児休暇や有給休暇、傷病休暇の類もありません。つまり**フリーランスは自分で将来への備えをしなければなりません**が、一方で襲い来るのは**誰もが腰を抜かす税金の数々**。所得税や住民税は会社員であっても支払うものですが、フリーランスなら国民健康保険税の請求額に一度は驚くことになると思います。

はじめに

ただその一方で、**税金の多くは様々な制度を利用することで数十万以上安くすることができます**。たとえばフリーランスには任意で入れる退職金制度といったものもあり、これを利用すれば税金は安くできます。高い高いと言われがちな国民健康保険税ですら、フリーランスの業務形態によってはかなり安くできる可能性があります。

働くうえで避けては通れない「お金」と「法律」

またフリーランスといえば、毎年必ずやってくるのが**確定申告**です。ではその確定申告とは、具体的になにをするものかご存じでしょうか？　あるいは確定申告をしないことで損をするケースがあることは？

確定申告に関連して、「フリーランスになったら領収書を取っておけ」なんて話を一度は耳にすると思います。ですが実際に1万円の領収書があったとして、具体的にどれぐらいお金に直結することになるかご存知でしょうか？

（詳しくは第3章で解説していますが、仮に経費として処理できる1万円の領収書があった場合、**最低でも1500円、最大で5000円以上の価値がある**ことになります）

そしてお金の制度だけではなく、法律を知ることも重要です。ブラック企業という言葉が流行し、労働者を守ってくれる労働基準法は広く知られるようになりましたが、一方でフリーランスを守ってくれる「**下請法**」のことを聞いたことはあるでしょうか？

私もよく忘年会などで新人の作家さんに「あの制度を知らないままだとあなた毎年数十万円損しますよ！」みたいな話をするんですが、食いつく人はまずいません。冷静に考えると、話し方が詐欺師みたいでうさん臭かったのかもしれません……。

たとえばフリーランスになると必ず遭遇すると言われる、「クライアントの都合による一方的な作業量の増加」事案。これは下請法に違反する行為であり、必要なギャランティを請求できるんです。

初めに言っておくと、私は今挙げたようなことをまったく知りませんでした。おかげで**必要以上に多くの税金を納め**、さらにはクライアントの言いなりとなり、**本来ならもらえるはずのギャランティを失ってきました**。詳しい計算方法は本書内で解説していますが、これらの制度を知らずに損をした額は、本当に100万円や200万円では効きません。

知ろうとすることが大きな一歩

しかもそういったフリーランスにとって必須の制度は義務教育では教えてくれません。下請法に至っては、仕事を発注する側（クライアント）でさえ知らないことが多々あります。

ほとんどすべての制度について言える話ですが、**あなたが自分で知ろうとしない限り誰も教えてくれない**のです。

ただ、一方でこういった話に関心が持てないという方もいらっしゃると思います。理由はよく分かります。

たとえばフリーランスになってしまうと、大体の場合、税金の勉強どころではなくなります。なによりも仕事優先、勉強優先。お金を稼ぐなら節税とかじゃなくて仕事で稼ぎたい。税金なんて言われた通り払うから、今は仕事のほうを優先させてほしい。今はとにかくがむしゃらに仕事したい、生き残りたい——。振り返れば私もそうでした。

……いやすいませんウソです。私の場合は「面倒臭そう」というだけでした……。でも、ご安心を。大体の手続きは、最初の1回目さえ乗り越えてしまえば意外と簡単なものです。

私もフリーランスとなってもう丸15年、ほかの職業への転職も難しい歳になりました。結婚もしたり、出版不況や災害の話をしたり聞いたりする度、お金のありがたみを実感しています。それもただのお金じゃありません。通常の仕事とは別に得られるお金です（ここ重要）。大事なことなのでもう一度言います、**通常の仕事とは別に得られるお金です！**

ただでさえフリーランスは自分が倒れたらそこで終わりです。「あのとき適切な制度を利用していれば」と思うときが来ないとも限りません。たとえば10万円の貯金があれば、1カ月生活できます。1カ月あれば本が1冊書けるかもしれませんし、次の仕事まで繋げるかもしれません。

もしあなたが現在フリーランスである、あるいは将来的にフリーランスになる予定があり、かつ本書の制度に少しでも興味を抱いて頂けたら、是非もう少し先まで読んでみてください。

注：なお、本書はあくまで制度について知ってもらうための書籍なので、各制度のやり方については最低限の解説となっております。重要なのは「利用できる制度を知る」ことであり、制度の概要さえ知っていれば詳しいやり方についてはほかの書籍やインターネット、役所の相談窓口などでいくらでも学ぶことができるからです。

CONTENTS

第6章

知らないと30万円損する【国民健康保険と文芸美術健康保険】

第7章

楽しく節税【寄付金控除とふるさと納税】

CONTENTS

第10章

自分の身を守る法律【消費税・下請法・契約締結上の過失・独占禁止法】

第1章

フリーランスの必修科目
【確定申告】

基本中の基本！やらないと大損する制度【確定申告】

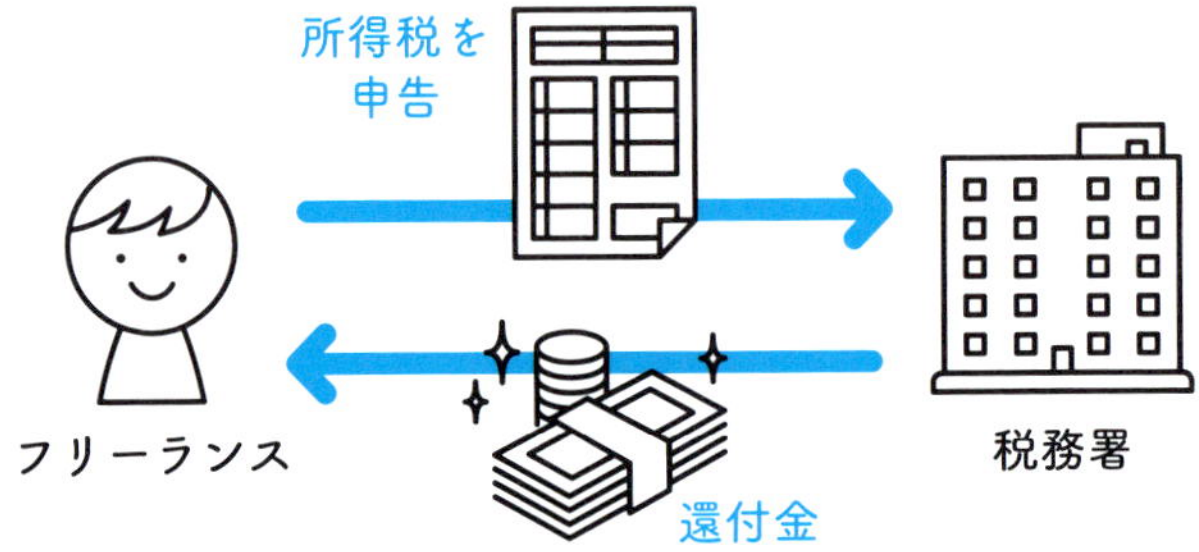

確定申告、きちんとしていますか？

最初はフリーランスなら当たり前の行事、確定申告の話です。制度について詳しくご存じの方、すでに申告した経験のある方は、この項目は飛ばして頂いてもかまいません。

ただフリーランスの立場にあるにもかかわらず、確定申告をしていない方の話は結構耳にします。理由は様々です、ぶっちゃけ面倒だから、制度をよく知らない、あるいは自分がやるべき立場にあることを知らない等々。

そこで、「確定申告とはなんなのか」と、「確定申告をしないことがどれぐらい損になるのか」というお話をまずしておきたいと思います。そもそも確定申告しないと多くの制度も使えませんし。

とりあえず要点だけまとめておきます。面倒でしたらここだけ読んでください。

まず「確定申告」とは？

税金のひとつである**所得税を自分で計算し、国に申告・納税する**行事です。

例）

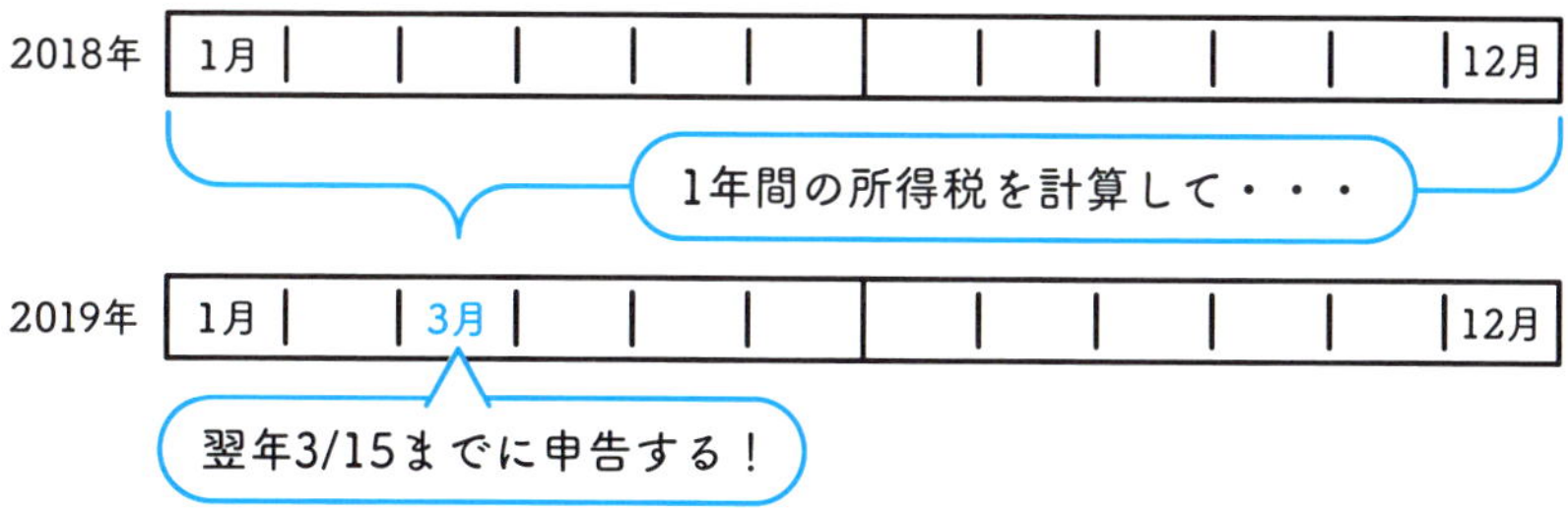

フリーランスの場合、1年間（1月〜12月）の収入と支出から、国に収めるべき所得税の金額を自分で計算し、申告することになります（原則として翌年の3月15日までに）。また、状況によっては還付金といって、国が取り過ぎた所得税を返してくれたりもします。というか大体の場合、還付金が出ます。

確定申告をしなかったらどうなるの？

年収300万円ぐらいまでなら、一応所得税については脱税になることはありません。ただし、**数十万円の税金を余計に納めることになります！** また、住民税を自分で申告して納税する必要が出てくるので、かかる手間は結局変わりません。

次頁からは詳しい解説になります。興味があったら読んでみてください。興味がなければ、次の章へ飛んでも大丈夫です。

確定申告とは？～「所得税」と「源泉徴収」を理解しよう～

当然の話ですがフリーランスの場合、仕事を引き受けて完遂させればギャランティが支払われます。たとえば、ある会社からギャランティ100万円の仕事を受けて無事終わらせたとしましょう。その100万円のギャランティは、請求書を出した翌月あたりに振り込まれることになります。

ところが実際には、100万円まるまる全額が振り込まれることはありません。**「源泉徴収」といって、10％引かれた金額が振り込まれます**（注1）。

ただ年収100万円では生活できませんし、1つの会社としか取引しないということもあまりないでしょう。1年の間に、ほかにも多くの会社から案件を受注することになるはずです。

こうなると厄介な問題が生じます。収入のルートが複雑になるた

支払計算書

○○　○○　様

check!

品　名	請求額	消費税額	源泉徴収額	差引支払額
デザイン代	108,000	0	-10,800	97,200
合　計	¥108,000	¥0	¥-10,800	¥97,200
			振込額	¥97,200

注1：1カ月以内に振り込まれた金額によって、源泉徴収の10%という数字は20%になることもあります。また本項では分かりやすさ優先のため、復興特別税や消費税は除外しています。

〔平成30年の所得税率一覧〕

課税される所得金額	税率	控除額
195万円以下	5%	0
195万円を超え　330万円以下	10%	97,500円
330万円を超え　695万円以下	20%	427,500円
695万円を超え　900万円以下	23%	636,000円
900万円を超え　1,800万円以下	33%	1,536,000円
1,800万円を超え　4,000万円以下	40%	2,796,000円
4,000万円超	45%	4,796,000円

※分かりやすさ優先のため、復興税は除外して解説しています。

め、税金を徴収する立場にある国が、あなたにいくら税金をかければいいのか分からないのです。

そこで、**1年にどこからどれだけの収入と支出があったかを各自で自己申告してもらい、また実際に税金を納めてもらう**確定申告というイベントが毎年3月15日に発生します（正確には2月16日〜3月15日が申告時期です。中には2月に終わらせる偉い人もいます）。

当然ながら、確定申告をしないと脱税などの罪に問われる可能性があります。

申告しなくても脱税にならないことがある？

ただ所得税に限っていえば、**年収によっては脱税になり得ないこともあります**。では、どういう場合脱税にならないのでしょうか？

先ほどお話ししたように、フリーランスに支払われるギャランティは、原則として「源泉徴収」されているからです。

源泉徴収は、**所得税の前払い**と理解すると分かりやすいと思います。**支払われるお金の10%を、支払い会社（クライアント）が国に**

先渡しする制度です。

このおかげで、確定申告せずとも基本的に脱税になることがありません。理屈のうえでは、年収４２５万円ぐらいまではセーフです。

ただし、フリーランスの中には源泉徴収をされないままギャランティを受け取るケースも少なくありません。たとえばアフィリエイターや、最近流行りのユーチューバーなどもこれに該当します。そういった場合、確定申告をしないと問答無用で脱税コースです。

では、なぜ年収４２５万円までセーフなのでしょう？

細かい計算は省きますが、平成30年度では４２５万円にかかる所得税は**42万２５００円**です。一方、４２５万円の収入から源泉徴収される額は、10％とすると**42万５０００円**。

ようするに、

「源泉徴収された額 42万５０００円 ＞ 納めるべき所得税 42万２５００円」

注2：正確に経費・控除を適用すると、脱税にならなくなるということもあります。

という式が成立していれば、脱税になりようがないわけです。すでに必要分を納めているわけですから。

ただ年収が430万円になったとすると、源泉徴収されるのは430万円の10％で**43万円**、納めるべき所得税は**43万2500円**となります。この場合、

「源泉徴収された額 43万円 ＜ 納めるべき所得税 43万2500円」

で、**2500円分の脱税状態**となってしまうのです（注2）。

とはいえ、「425万円までセーフなの!? やった！ 俺しなくていいや！」と安易に考えてしまうと、ものすごい大損こきます。なぜなら、**確定申告をしないと経費と控除を計上できないため、納める所得税の額が勝手に増えてしまう**からです。

経費と控除とはなんぞや、となるとややこしいので次項で解説します。とにかく本項ではどれぐらい損になるかだけ知っておいてください。

特に、**国に納めるべきお金は所得税だけではありません**。ほかにも代表的なものとして、6月ごろに納付書が届く「**住民税**」と「**国民健康保険税（通称「国保」）**」があります。

確定申告をしないと、住民税の請求は多分来ません。ただ、当然ながら払わなくていいということではなく、自分で申告・納付をしないとダメということです。

確定申告をするメリット！～「青色申告特別控除」を利用しよう～

- **所得税**
- **住民税**
- **国民健康保険税（国保）**

2章で詳しくお話ししますが、「所得税」「住民税」「国民健康保険税」は、税と確定申告について理解していくうえで基本となる重要な税金制度です。

この3つはあなたの年収からパーセンテージで引かれていくものですが、**経費や控除を計上できればできるほど安くなる**という特徴があります。逆に言えば、経費と控除が計上できなければ、3つ同時に高くなってしまうわけですね。

そして確定申告をしないと、所得税についての経費計上はもちろん、「**青色申告特別控除**」（第4章参照）といった便利な制度を利用することもできません。

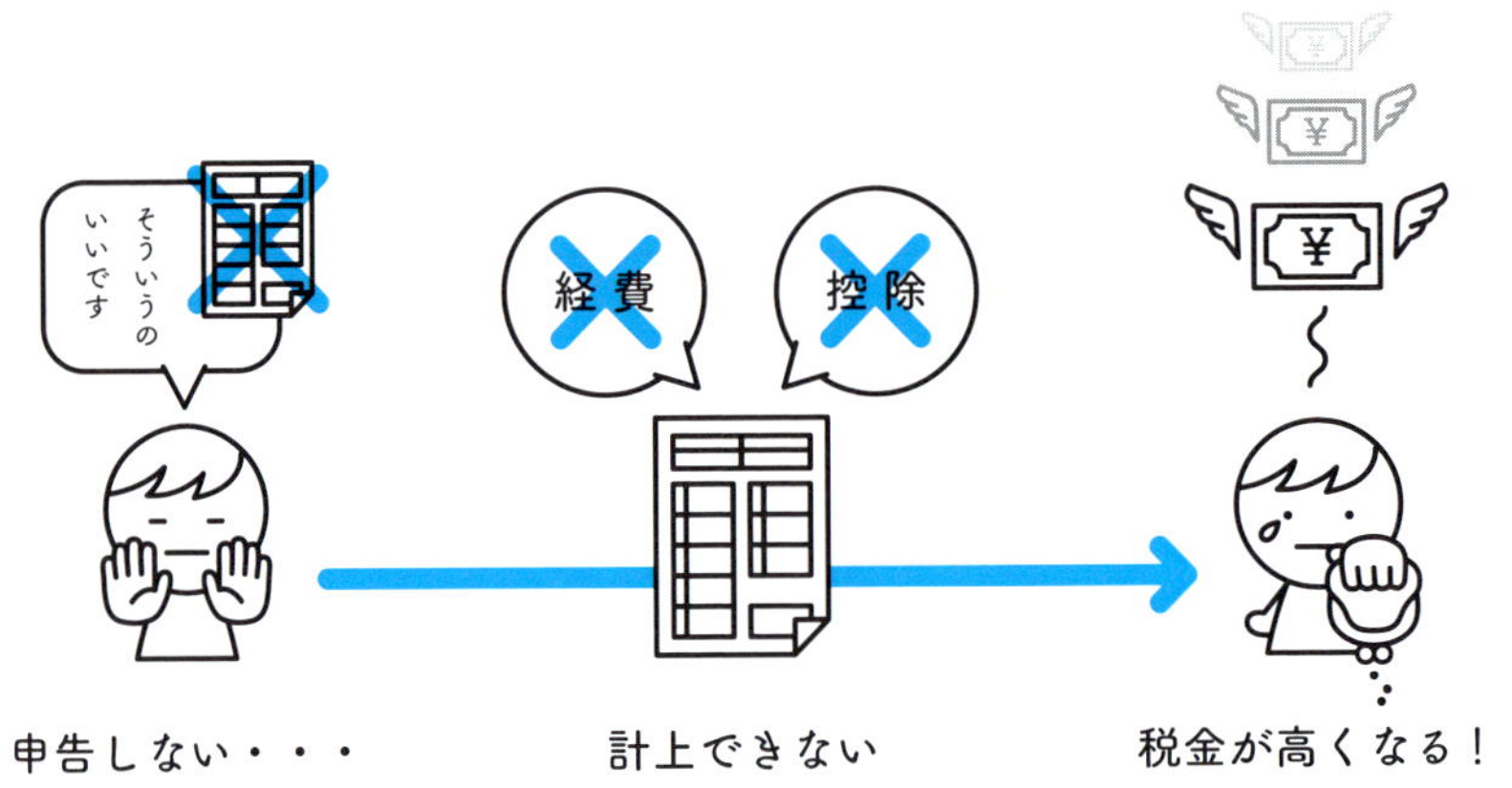

つまり、こういう悪循環が生まれるということです。

確定申告をしない
↓
経費と控除が計上できない
↓
モノスゴイ税金が高くなる！

納めるべき所得税額を把握しよう

所得税に限って具体的な話をしましょう。

たとえば、年収を３００万円とします。この場合、**まず源泉徴収で10％の30万円がすでに引かれている**はずです。

一方、年収３００万円で確定申告したとすると、まず**経費が計上できるようになります**。今は細かい話はしませんが、その場合30万円ぐらいの経費の計上は難しくありません。フリーランスは多くの場合、

〔平成30年の所得税率一覧〕

課税される所得金額	税率	控除額
195万円以下	5%	0
195万円を超え　330万円以下	10%	97,500円
330万円を超え　695万円以下	20%	427,500円
695万円を超え　900万円以下	23%	636,000円
900万円を超え　1,800万円以下	33%	1,536,000円
1,800万円を超え　4,000万円以下	40%	2,796,000円
4,000万円超	45%	4,796,000円

※分かりやすさ優先のため、復興税は除外して解説しています。

自宅を作業場・事務所としていることが多いので、家賃・光熱費・通信費の一部も経費として計上可能だからです。

よって、30万円の経費と基礎控除も入れて正しく計算すると、**「本来納めるべき所得税」は、13万4500円**になります。

つまり所得税として、

- **源泉徴収された「30万円」**
- **本来納めるべき「13万4500円」**

という2つの数字が出てきます。

そしてここが一番重要なのですが、もし確定申告しなかった場合、**源泉徴収された「30万円」のほうを所得税として国に納めることになるんです！**（というかすでに先払いされているわけですが）確定申告さえすれば、13万4500円のほうで済みます。つまり**16万5500円も得する**わけですね。

源泉徴収された300,000円
ー 本来納めるべき134,500円

差　額　165,500円

還付金として返ってくる！

この差額の16万5500円は、確定申告さえすれば「還付金」として国から受け取ることができます。確定申告すると、ほとんどの場合でこの還付金が生じるため、フリーランスの間では「春のボーナス」と呼ばれているほどです。

逆に言えばこの16万5500円は、**確定申告しなければ取り返せない**と覚えておいてもいいでしょう。

さらにややこしいですが「**前年以前の国民健康保険料でその年に支払った分は、所得税・住民税の所得控除になる**」という決まりもあるので、確定申告をすればさらに安くなります。つまり年収300万円として確定申告をしなかった場合、**所得税だけで20万円近く損をするのはほぼ確定的**です。

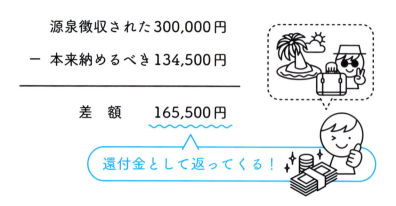

20万円といえば、一人暮らしなら2カ月生活できるかもしれません。自分へのご褒美などと称して海外旅行へ行ったって、お釣りが出るほどではないでしょうか。

もちろん「別にいいよ、国のためにより多くお金を納めたいし」という考え方もできるでしょう。でも、考えてもみてください。**間違いなく大体のフリーランスは、国よりも将来が不安定です**。そして病気や災害で働けなくなるようなことがあれば、長期的に見て国にとってもマイナスです。備えとなるお金はあるにこしたことはありません。

というわけで面倒でも確定申告はやりましょう。文字通り、損をしないからです！

確定申告のやり方　～餅は餅屋～

では、確定申告はどうやればいいのでしょう？

方法は主に2つあります。

❶税務署に行く
❷税理士さんに頼む

❶税務署に行く

基本ですが、あなたが住民票を置いている地区を管轄する税務署へ行くことです。必ず相談窓口があるので、そこで聞きましょう。丸投げしているようで大変申し訳ないのですが、制度は年々変わるため、これが一番確実です。確定申告のやり方について解説している書籍やホームページもたくさんあるので、そちらを参考にするのもいいでしょう。

詳しく説明しようとするとそれだけで本が一冊できあがってしまうので、本書で解説することはご容赦ください。

❷ 税理士さんに頼む

2つ目は、税理士さんを雇うことです。これも丸投げですが、実は間違いなくオススメできる方法でもあります。詳しくは4章の「青色申告特別控除」で解説しています。

おまけ 確定申告をしない人の末路

なお、最後に余談ながら。確定申告をすると、そのデータが市区町村に自動的に渡るので、自動的に住民税と国保の請求が来ます。

しかし先述したように、確定申告をしなかった場合、住民税と国保の請求はまず来ません。ただ当たり前ですが、**請求が来なかったからといって「払わなくていい」ことにはなりません。**

その場合、市区町村に自分で住民税の申告を行わなければなりません。つまり**確定申告はしなかったのに、住民税は自分で申告するという変な状況**になります。

税金の類は容赦なく遡って7年間請求されるといわれていますし、特に今後はマイナンバー制度でお金の経路がよりハッキリする（税務署ではなく市区町村レベルでも個人の収入の把握が容易になる）ともいわれています。

なにひとついいことがありませんので、確定申告はきちんと毎年やっておきましょう。

第2章

覚えておきたい基本の税金制度

【所得税・住民税・国民健康保険税】

税金制度も、知ると知らないで大違い。「25%」という数字

どれだけの税金を国に払っているか把握していますか？

1章「確定申告」でもざっくり解説しましたが、我々は毎年税金を納める必要があります。ところが「毎年何%の税金を納めることになるのか」ということになると、制度的に大変分かりづらいこともあり、あまり知られていません。

この数字を知っておけば年収に関する計算もより正確にできますし、なによりも「こんなに税金を取られているのか！」ということを知ることで、節税に関する制度の重要さを知ることもできます。

とりあえずまとめておきます。面倒臭かったらここだけ覚えておいてください。

- **フリーランスで国民健康保険に入っている場合、年収から経費・控除分を引いた金額から、ざっくり「最低25%」を毎年納税することになります。**
- **ただし、「最低25%」という数字は状況・収入により変化します。**

● **またこの性質上、経費・控除を計上できれば、大きな節税効果が生まれます。**

次のページから、解説になります。フリーランスならほぼ例外なく密接に関係する重要な話なので、もし少しでも興味を抱いて頂けたならどうぞ読んでいってください。

「所得税」「住民税」「国民健康保険税」について　～何をどれだけ払っているのか把握しよう～

まずあなたの年収は、**仕事に必要な経費や控除分を引かれたうえで**、毎年結構な額の税金を徴収されることになります（「控除ってなに？」という人は、続く3章で解説しますので今は気にしないで大丈夫です）。

税金の種類は、主に次の3つです（注1）。

- **所得税**
- **住民税**
- **国民健康保険税**

国民健康保険税は、よく「国保」と略されます。「保険税」ではなく「保険料」とも呼ばれますが、税金のように支払うことは間違いありません。

フリーランスの場合、確定申告でわざわざ自分で計算して納付しているので、所得税につ

注1：ほかにも消費税・固定資産税・自動車税・国民年金・酒税などもありますが、その辺は額が固定だったり、払う払わないのケースもあったりするので除外しています。

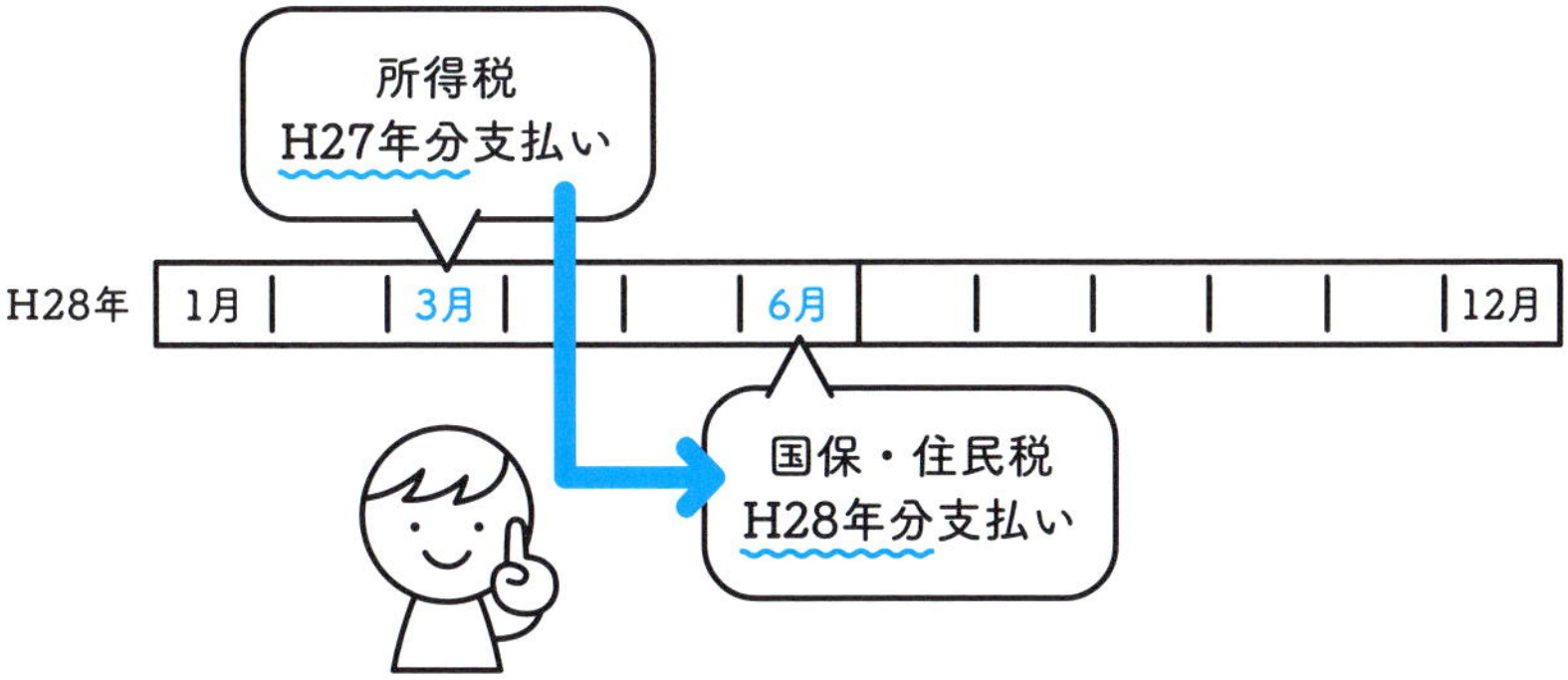

所得税の額が確定することによって
国保と住民税の額が確定する！

いては1年間でどれだけ支払っているか実感できると思います。ところが住民税と国保は確定申告さえしていれば自動的に請求書が届き、その通りに支払うだけなので、**どれだけ支払っているのか意外と印象に残らない**ことがあります。

おまけに、この3つの税金は払う時期も異なります。

具体的に言うと、**所得税は3月の確定申告で**支払います。**住民税と国民健康保険料は確定申告が終わったあと、6月ぐらい**に振り込み用紙やら納付書やらが自宅に届いて支払うことになります。

たとえば、平成27年分の所得税額は平成28年3月の確定申告で決定し、必要に応じて所得税を払います。そして平成27年の所得税額が確定することで、平成28年に支払う国保と住民税が確定し、5月ぐらいに通知される、という流れです。

なお、平成28年分の国保は28年中に支払いますが、平成28年分の所得税を支払うのは平成29年3月です。また平成28年に支払った国保は、平成29年3月の確定申告で所得税・住民税の控除にできます。

……安心してください、私も書いていて頭が痛くなってきます。

というわけで、とりあえずこう覚えておきましょう。

フリーランスの場合、年収から経費・控除を引いたうえで、「所得税・住民税・国民健康保険料」で最低25%を持っていかれる

異論はあると思います。実際に計算すると差額が出ることは間違いありません。でも正確な数値を出そうとするとケースバイケースになり、とりわけまだフリーランスの立場にない人にはいよいよ実感が湧かなくなってしまうと思います。

そんなわけで、本書では引かれる税金を「最低25%」という数値で話を進めていきます。

ちなみに、「最低25%」の内訳は次のようになります。

- **所得税（5～40%）**
- **住民税（一律10%）**
- **国民健康保険料（ざっくり8%。ただ上限額が設定されており、お住まいの地域によって変動します。大体50万～85万円）**

厄介なのが3つ目の国民健康保険料（国保）で、その計算はもの凄く面倒です。年齢や扶養家族の有無、住んでいる地域などでもかなり変動します。実際のところ、国保だけはパーセンテージで計算しようとしても、間違いなく正しい数値は出ません。

なお、国保については他の健康保険に入ることでかなり安くすることも可能です（非常に重要な話なので、第6章「国民健康保険と文芸美術健康保険」で解説しています）。また専業ではなく兼業で会社にお勤めの場合は、「社会保険」に入れるので特に気にしなくて大丈夫ですね。

？「25％」の意味

というわけで、所得税を最低の5％としても、住民税が10％で国保が8％。合計25％じゃなくて23％じゃねえかというツッコミはその通りなんですが、

- **所得税はすぐに税率が5％から10％になる（具体的には所得が195万円を超えた分から）**
- **今は復興税もあったりする**
- **国保はやっぱり8％じゃなくて10％計算のほうがいい気がしてくる（第6章で詳しく解説しています）**

とかのクソややこしいことを考えると、やっぱり25％で計算してもいいような気がします。というか、計算しやすいので25％にしましょう！

ちなみに何度も言いますが、**25％は最低の数値**です。住民税は10％、国保は8％でいいとしても、所得税は5〜45％と大きく変動するので、25％ではなく30％、50％となることも当然あり得ます。

ややこしいですが所得税には**所得控除**という特別な控除があり、国保も上限があるので、年収が多少増えたからといってすぐに25％という数値が35％や45％になるとは限りません。

「所得税」と「基礎控除」の関係 ～確定申告時に必ず適用したい控除のはなし～

ただし、「年収の25％を毎年持っていかれるってこと？」と考えてしまうと、大きな誤解があります。折に触れてお話ししていますが、**「年収から経費・控除分を引いた額」から、25％を毎年持っていかれるというのが正しい**です。

逆に言うと、確定申告をしなかった場合は経費・控除がロクに計上できないので、ほぼ年収の25％を持っていかれると考えてもいいかもしれません。

たとえば、控除には**基礎控除**というものがあります。これは所得税の場合は38万円と決まっていて、**年収（正確には年収から経費を引いた額）から無条件に38万円引いたうえで、税金の計算をすることができます**（注2）。

なんでそんなややこしいことをするのか、という疑問はごもっとも

注2：平成30年度より基礎控除は48万円となります。

引かれる税金の計算の目安

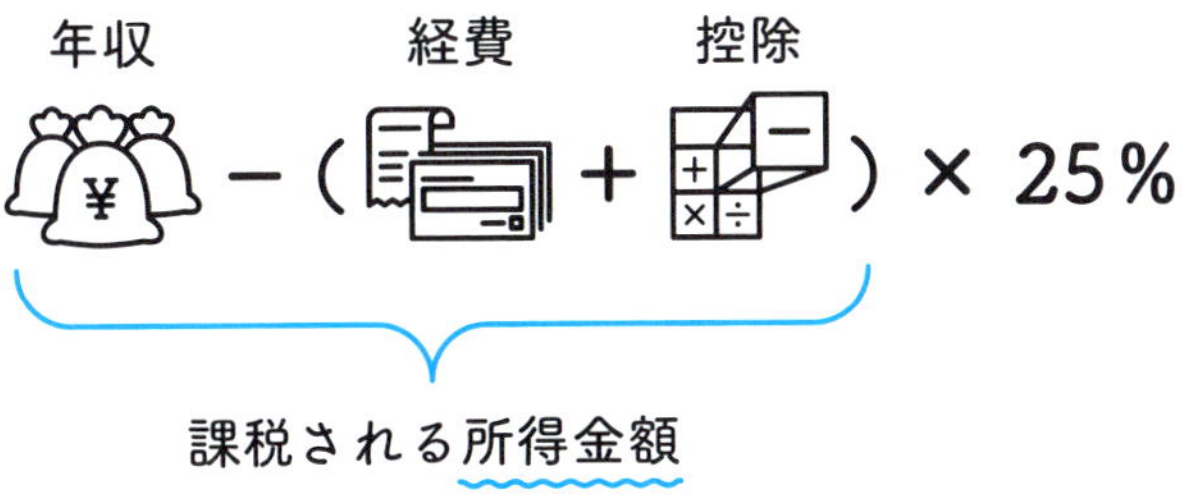

POINT

基礎控除とは

所得税や住民税の計算をする際に、一律で差し引かれる控除のこと。納税者の負担を軽減することを目的とした制度であるため、ほかの所得控除のように適用条件がありません。所得税の基礎控除額は38万円、住民税での基礎控除額は33万円となっており、個人事業主の場合でも給与所得者（会社員やアルバイトなど）の場合でも同様です。

だと思います。詳しくはこのページの上部で解説しておりますので、もし気になったら読んでみてください。

所得税の計算方法

具体的な話をしましょう。あり得ないですが、ここでは分かりやすく次のように

- 年収が３００万円
- 基礎控除以外の経費・控除が０円

だとします。ここに先ほどの「25％」という数値を持ち出すと、

何もしない場合
３００万円×25％＝75万円

が、所得税・住民税・国保として持っていかれる計算です。

しかし、ここに基礎控除38万円を入れてみると……。

注３：詳しくは後述していますが、ここでは分かりやすく住民税・国保の基礎控除も一律38万円で計算してしまっているので、少し大きい金額が出てしまっています。

基礎控除を入れた場合
３００万円－38万円＝２６２万円
２６２万円×25％＝65万５０００円

つまり確定申告して基礎控除を計上するだけで、納めるべき所得税が

75万円－65万５０００円＝９万５０００円

も安くなるわけです（注３）。

ちなみに最近、相続税の基礎控除とか扶養控除の金額を調整するなんて話が出ていますが、ようするに**控除が増えれば減税、減れば増税**なわけですね。

また基礎控除と同じように、「仕事上で必要な経費」も年収から控除することができます。

つまり、**経費や控除分を増やすほど「国に納める税金」を減らすことができ**、あなたが得られるお金が多くなるわけです（詳しくは次の３章でお話しします）。

〔2020年1月1日以降に適用される基礎控除額〕

合計所得金額	基礎控除額
2,400万円以下	48万円
2,400万円超 ～2,450万円以下	32万円
2,450万円超 ～2,500万円以下	16万円
2,500万円超	0円

※2020年以降に適用される基礎控除額なので、それ以前は従来通り、所得金額にかかわらず一律38万円が適用されます。

控除についての注意点

ただし、控除については実は厄介な点があります。所得税や住民税には適用できても、国保に適用できないものがあったり、所得税・住民税・国保のいずれにも適用できるものの、適用額が変わるものがあったりするんですよね……。

一応どういうことか詳しく書いておきますが、面倒でしたら読み飛ばしてください。

たとえば、さっき触れた38万円の基礎控除。この**38万円の基礎控除は、あくまで所得税についての基礎控除**です。これが住民税、国保の基礎控除になると、なぜか控除額が33万円になります。

つまり基礎控除の正しい節税効果を計算する場合、次のような計算が必要になります。

注4：詳しくは別項で解説していますが、厳密には300万円から基礎控除を引いた残り（262万円）のうち、195万円分までが所得税5%となり、67万円分が所得税10%となるのですが、ここでは分かりやすさを優先するため7%ぐらいと表示しています。

例によって、ここでも簡単に次のように仮定します。

- **年収が３００万円**
- **基礎控除以外の経費・控除が０円**

この場合、所得税は大体7%（注4）、住民税は10%、国保はざっくり8%で計算すると、

所得税：(３００万円－38万円)×７%＝18万３４００円
住民税：(３００万円－33万円)×10%＝26万７０００円
国　保：(３００万円－33万円)×８%＝21万３６００円

つまり、基礎控除をもう少し正しく計上したことによる節税効果は

75万円－(18・34万円＋26・7万円＋21・36万円)＝８万６０００円

という計算になるわけです。

37頁で基礎控除を一律38万円で計算すると、9万5000円という数字が出ていましたね。ところが住民税と国保の基礎控除を33万円で計算すると、当然ながらこちらも下がるわけですね。

なお、経費についてはこういうややこしいことは一切なく、所得税・住民税・国保の計算に一律適用できます。

第3章

合法的に税金を安くする！【経費と控除】

注１：所得に応じて所得税はあがるので、25%という数値が30%、40%になることもあり得ます。また、赤字になった場合などもこの限りではありません。また、経費については25%計算で問題ありませんが、控除については所得税・住民税には適用できても国保には適用できないといったものもあるので、25%で計算すると差異が生じる場合があります。

経費というシステム「1万円の領収書が持つ節税効果は？」

フリーランスになったとき、業界の先輩などからこう教えられたことはありませんか？「**領収書は絶対捨てるな**」と。

その意味をご存じの方は多いと思います。フリーランスは**仕事に必要な費用を経費として計上することで、その分税金を安くすることができます**。

ところが、たとえば1万円の領収書があったとして、どれだけの節税効果があるかということはあまり知られていません。

というわけで、経費・控除を計上することでどれだけの節税効果が生じるかを、簡単に実感できるざっくりした計算方法があるのでぜひ覚えておきましょう。

節税効果を実感できる計算方法

それは、**控除・経費分に25%をかける**だけです（注1）。

この計算方法を覚えておくと、たとえば紛失した2万円の領収書がひょっこり出てきたとき、「やった、2万円 × 25% ＝ 5000円の得だ！」なんて前向きな考え方もできなくはありません。本来受けられるべき権利を受けられるようになった一応、なぜ25%をかけるのかを説明しておきます。簡単な算数です。

- ・経費・控除を計上することで得られる節税効果をZ
- ・年収をA
- ・経費・控除分をB

としましょう。

B＝0のとき、つまり経費や控除分がなかったとして、25%計算で年収から引かれる税金は当然こうなります。

$$A \times 0.25$$

次に経費・控除分をBとすると、税金はこうなります。

$$(A - B) \times 0.25$$

節税効果Zを導き出す式は、2つの差額を出せばいいわけですから、

$$Z = A \times 0.25 - (A - B) \times 0.25$$

となり、これを分解していくと、

$$Z = 0.25A - 0.25A + 0.25B$$
$$Z = 0.25B$$

……となるわけです。

というだけではありますが。

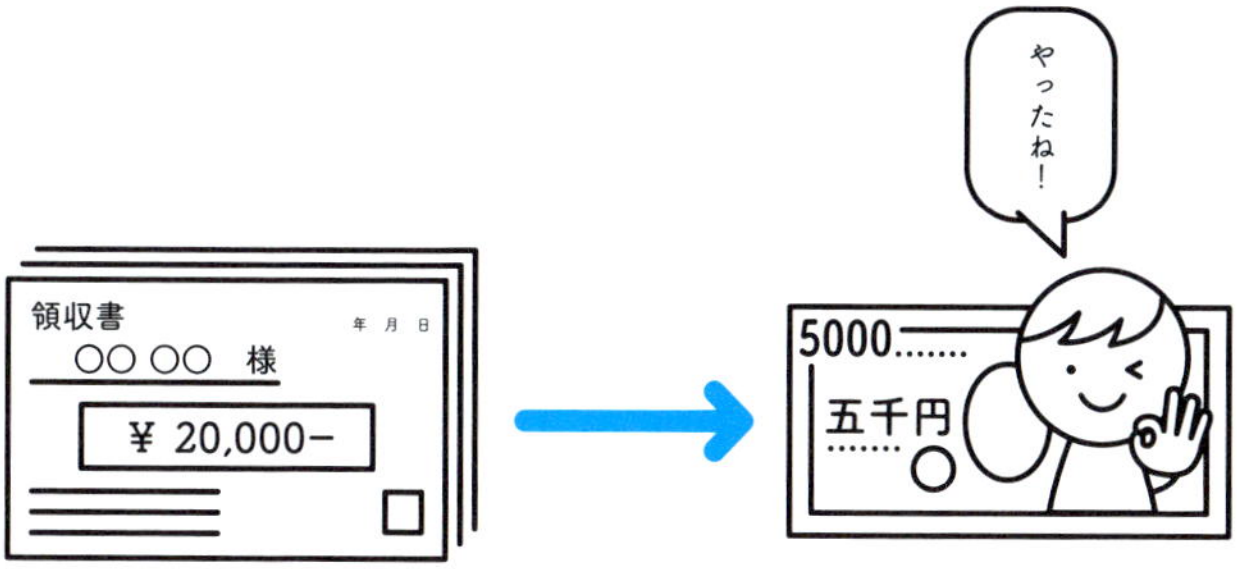

20,000円×25%で5,000円の節税効果！

経費ってなに？～税金を安くできる、フリーランスの伝家の宝刀～

ちなみに私のような作家兼ライターの場合、編集部や取材先へ行く交通費、本などの資料代、事務用品などは経費にできます。

また自宅で仕事するフリーランスの場合、自宅の一部を事務所として認められます。そうなると家賃や電気代のうち、何割かを経費として計上することもできます。芸能人の方が豪華な自宅を「事務所です」と表現することがありますが、実際に法律上は一部を事務所として扱えるんですね。

余談ながら、私はゲームを題材とした小説を書いたりゲーム情報誌でコラムを書いているため、ゲームを買ったお金も経費になります。

年収３００万円で25％計算を持ち出すとして、仕事上どうしても必要だったという理由でＰＳ４とゲーム、あと交通費とか諸々合わせて年に40万円使ったとしましょう。その場合の節税効果は、

フリーランスが経費にできる代表的なもの

・業務に必要な雑誌や書籍代	➡	新聞図書費
・インク、コピー用紙、文房具代	➡	消耗品費
・取材時に持参した手土産代、接待の飲食費	➡	接待費
・取材や打ち合わせに必要な交通費	➡	交通費
・事務所の家賃、駐車場代	➡	地代家賃

40万円×25%＝10万円

になります。**本来年収から引かれる税金を、10万円分も安くできる**わけですね。仕事上どうしても必要なものを買ったうえで、「税金を安くできる」というのはオトクな話だと思います。だってほら、結果的にPS4が25%引きになるわけですから！

逆に、「経費にできるものを経費にしないこと」は大きな損失に繋がりかねません。なにが経費にできるかは、是非自分でいろいろ調べてみましょう。

解説をめんどくさがったわけじゃないですよ!? あなたの業務内容に依存するケースバイケースの話なので一律に「これが経費になります！」とは言えないんです。

とはいえ、25%引きになるからといって収入に見合わない買い物をして貯金を失っては、本末転倒です。**無理なく税金を安くするには、様々な制度を利用して、次項から紹介していく「控除」を増やしていく**ことが重要です。次の章から詳しく解説していきます。

徴収される所得税額

テレビドラマなどでサラリーマンが「これは経費で落とすから」なんてセリフを口にすることがあります。サラリーマンが領収書を切った場合、それが必要経費と認められると会社から全額費用が出たりするので、まるでボーナスみたいな扱われ方をするわけですね。

サラリーマンが口にする「経費」と、我々フリーランスが口にする「経費」はまったく意味合いが異なることだけは知っておきましょう。

付録：身につけておきたい所得税の計算知識

この付録は大変ややこしいので読み飛ばして頂いて構いません。ただし、所得税の税率がどのように上がっていくかを知っておくと、節税の計算にも使えます。もしよければ読んでみてください。

まず左頁上部の表をご覧ください。平成30年の所得税率一覧です。年収から経費・控除を引いた額が、一番左の「**課税される所得金額**」。そこに応じた「税率」をかけ、さらに右の「控除額」を引いた金額が、所得税として徴収されるわけですね。

〔平成30年の所得税率一覧〕

課税される所得金額	税率	控除額
195万円以下	5%	0
195万円を超え　330万円以下	10%	97,500円
330万円を超え　695万円以下	20%	427,500円
695万円を超え　900万円以下	23%	636,000円
900万円を超え　1,800万円以下	33%	1,536,000円
1,800万円を超え　4,000万円以下	40%	2,796,000円
4,000万円超	45%	4,796,000円

※分かりやすさ優先のため、復興税は除外して解説しています。

例 **年収300万円、経費30万円、基礎控除38万円の場合**

課税される所得金額
300万円－経費30万円－基礎控除38万円＝232万円

上記の表から、232万円の税率は10%なので

税率
232万円×10%＝23万2000円

同じく、232万円の控除額は9万7500円なので、

徴収される所得税
23万2000円－9万7500円＝13万4500円

という数字が出ます。

累進課税の計算

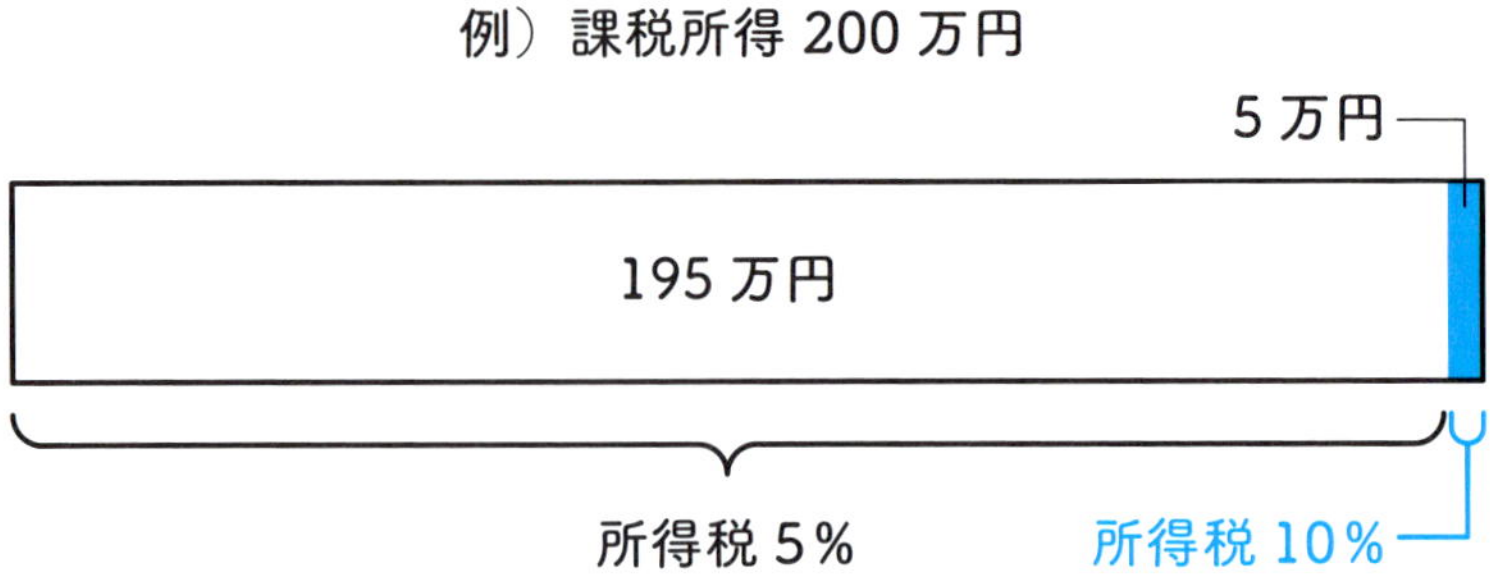

⚠ 累進課税のワナ

ただ、ここに所得税初心者が陥りやすい誤解があります。

「課税所得が１９５万円以下なら所得税５％なのに、１９５万円を超えた瞬間に10％になるの？　そうか、じゃあ課税所得２００万円のときに５万円の経費を計上できれば、所得税は５％で済むんだ！」

これは大きな誤解です。実際には累進課税となっているので、**課税所得が１９５万円を超えた瞬間に所得税が上がるわけではありません。**

結論から言ってしまうと、課税所得２００万円の場合、**２００万円のうち１９５万円までが所得税５％で、残る５万円分が所得税10％**で計算されるのです。

でもそんな計算は面倒なので、用意されているのがさきほどの表の「控除額」の欄です。

ここでも「年収３００万円、経費30万円、基礎控除38万円」の場合で計算してみましょう。47頁の所得税率一覧表に当てはめて計算すると、**所得税は13万4500円**です。

ここで、あえて表に当てはめず自分で計算した場合は、こうなります。

課税される所得金額

300万円 − （30万円＋38万円） ＝ 232万円

↓

税率

232万円のうち、195万円分までが税率5％

232万円 − 195万円 ＝ 37万円分が、税率10％で計算される

↓

徴収される所得税

195万円 × 5％ ＋ 37万円 × 10％ ＝ 13万4500円

先ほどの47頁の計算結果とまったく一緒です。

ようするに**所得税率一覧にある「控除額」というのは、所得税の計算を楽にしてくれるだけの定数**なんです！

また32頁で解説している25％という数値は、所得税を５％ちょっとで計算した結果です。47頁の表の通り、実際には**年収が増えれば増えるほど所得税率は跳ね上がります**。

たとえば「課税される所得」が４０００万円超あった場合、所得税率は45％です。つまりこの場合、控除・経費分にかける数値は従来の25％ではなく、45％（所得税）＋10％（住民税）＋８％（国保）＝63％になるのではないか……と考えたくなります。

しかし実際には所得控除がありますし、国保は50万円ないし85万円という上限があるので、収入が多ければ多いほどパーセンテージとしては低くなります。

ですからこの場合、控除・経費分にかける数値はおそらく25％でも63％でもなく、45％ぐらいになると思います。いずれにせよ、お金持ちは積極的にお金を使って経済を回してくれるというわけですね。

❓ 経費が増えれば増えるほど節税効果が弱まる？

ただ一点だけややこしい注意点が、**経費を計上すればするほど45%の節税効果は薄れていく**という点です。極端な例ですが、たとえば年収が5000万円あったとして、3500万円の経費を計上したとします（控除は面倒なので今回は計算から外します）。

所得税の対象となる収入

5000万円－3500万円＝1500万円

900万円を超え　1800万円以下	33%
1800万円を超え4000万円以下	40%
4000万円超	45%

3500万円の経費を計上して、所得税の対象となる収入が5000万円から1500万円になった。すると課税対象所得は、「4000万円超」から「900万円を超え1800万円以下」ラインまで下がる、つまり**所得税率が45%から33%まで下がる**わけです。

所得税の節税効果

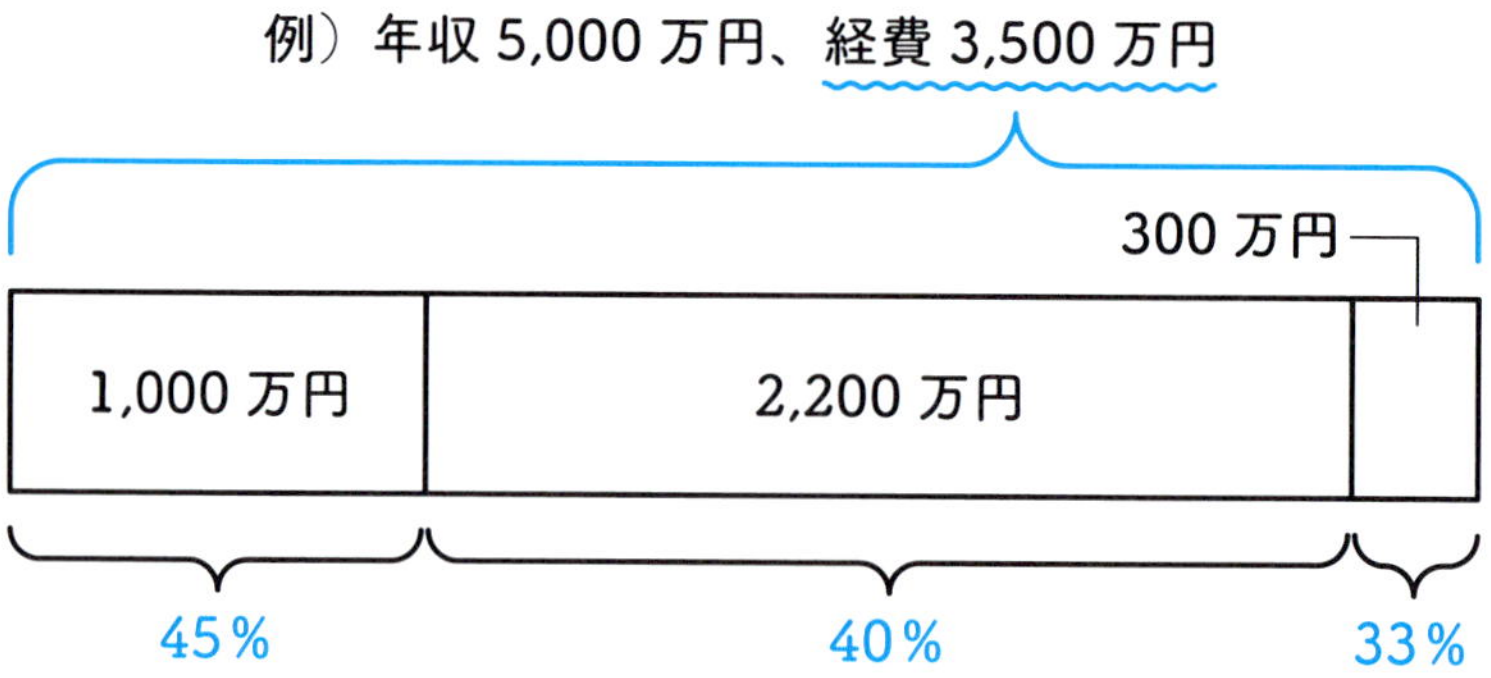

ものすごくややこしいので書きたくないですが、つまり年収５０００万円で３５００万円の経費を計上した場合、所得税についての節税効果は、

３５００万のうち、１０００万円分が 45％
３５００万のうち、２２００万円分が 40％
３５００万のうち、残る３００万円分が 33％

……くらいになります。なにを言ってるか分からないかもしれませんが、あまり気にしないでください。年収１０００万円を超えてから考えましょう。

とりあえず「最低25％」で計算しておけば、大体問題はありません。

第4章

フリーランス最強の経済効果
【青色申告特別控除】

誰もが勧める青色申告特別控除。その効果と、税理士さんのはなし

実は、日本の税金制度にはこんな特徴があります。

「自分で帳簿をしっかりつけて、収入と支出を正しく申告しているなら、税金を安くしてあげるよ」

なぜそんなうまい話があるかというと、そのほうが国にとってプラスだからです。収入と支出をハッキリさせることで税金の徴収もしっかりでき、一個人が将来に備えて積立などを行って継続的な経済活動を続けられれば、減税分を補って余りある利益が出るからです。

この「帳簿をしっかりつけて、収入と支出を正しく申告して」という部分が、今回紹介する**青色申告特別控除**という制度です。

有名な制度なのですでにご存じの人も多いと思いますが、一方で「具体的にどれぐらい税金が安くなるか」については知られていないうえに、面倒臭がってやらない人も非常に多いです。ものすごくもったいないと思います！

およそ**フリーランス向けの制度で、青色申告ほど経済上の効果のある制度はそう**

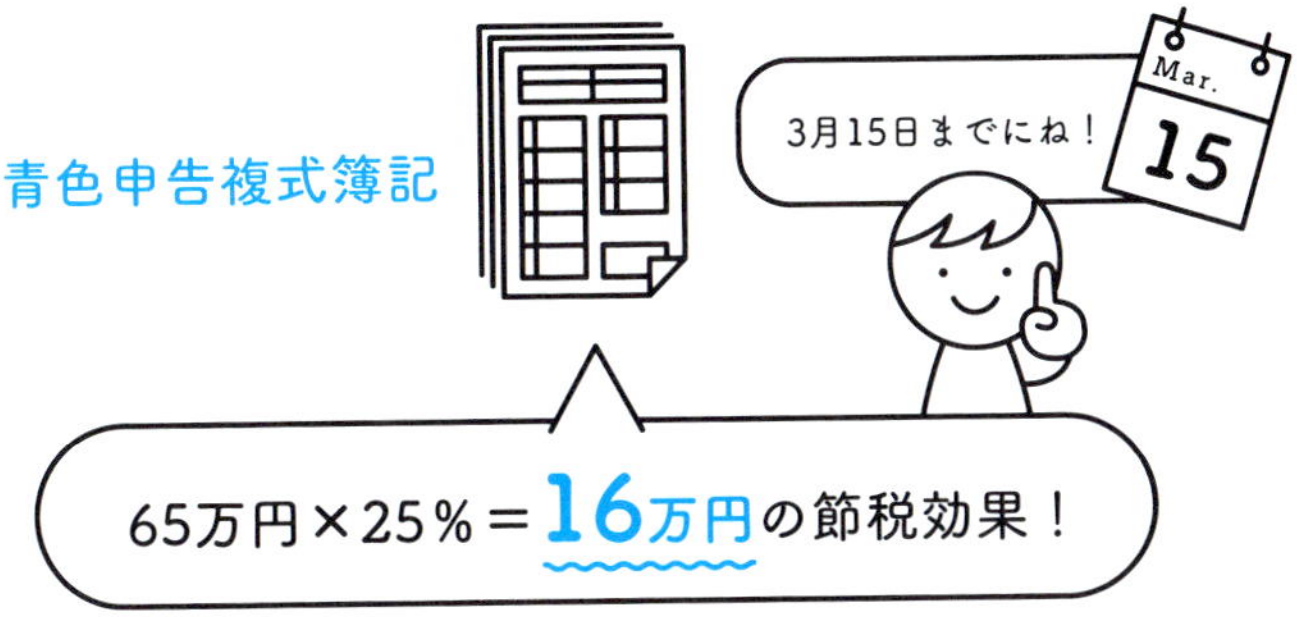
青色申告複式簿記
3月15日までにね！
Mar.
15
65万円×25％＝16万円の節税効果！

ありません。

まずここで、ポイントだけ押さえておきましょう。

- **確定申告を「青色申告複式簿記」という形式で、かつ3月15日までの期限内に行うと、65万円の特別控除枠がもらえます。**
（注：65万円という控除額は、平成30年度より55万円に減額されることになっています。ただし「e-Tax」といった国税電子申告・納税システムを使用すると65万円のままです）
- **その節税効果は最低でも65万円×25％＝16万円に。数ある節税手段の中でも、これだけ直接的に利益に繋がる方法はまずありません。**
- **ただし面倒。なので、税理士さんに全部依頼するのも手。なお、確定申告の処理をすべてお願いしても、16万円あればかなりのお釣りがでます。（年収が多い場合はこの限りではありません）**
- **ただ、年収から経費・控除を引いた額が65万円以下の場合は節税効果が薄れます。**

注1：電子申告（e-tax）した場合

青色申告複式簿記の節税効果 ～最低16万円の臨時収入のチャンス！～

では詳しい解説に入りましょう。

1章でもお話しした確定申告は、実は大きく分けて3つの提出形式があります。

❶白色申告➡控除なし
❷青色申告➡控除10万円
❸青色申告複式簿記➡控除65万円（注1）

特に手続きをしていなければ、自動的に「❶白色申告」になるはずです。この3つのうち白色が一番簡単で、左へ行くほど**処理が面倒になっていく代わりに、ごぼうびのごとく控除額が増えていく**わけです。

そして最後の「❸青色申告複式簿記」という形式で期限内に申告すると、65万円もの特別控除枠がもらえます。この65万円の特別控除は**所得税・住民税・国保、いずれにも適用され、その効果は絶大**です。

青色申告複式簿記の場合の控除額計算方法

では、具体的にその効果を計算してみましょう。

幸い、計算方法は非常に簡単です。32頁で解説した「所得税・住民税・国保を合わせると最低25％」という数値を持ち出すと、65万円×25％という計算をするだけです（例によって所得が多かった年はこの25％が、30％にも40％にもなります）。

65万円×25％＝16万2500円

この凄まじさが分かるでしょうか。つまり**青色申告複式簿記というやり方で確定申告をするだけで、お小遣いが最低16万円も増える**わけです。

とはいえ、そのためには複式簿記という名前だけでウンザリするような帳簿を作りつつ、賃借対照表やら損益計算書やらめんどくさい書類を一緒に提出して、収入と経費なんかを詳細に、かつ「期限内に」正しく申告する必要があります。

その手間を考えれば16万円の小遣いなんてたかが知れている――。そう考えるのは当然で

注２：収入が多かったとか消費税が発生した場合とか、10万円以上かかるケースもそれなりにあります。

す。なにを隠そう、私もそうです。複式簿記？　書類の書き方？　すいません、まったく知りません。税理士さんに全部お任せして逃げました。

なにしろ、税理士さんに領収書の束と支払い調書を全部渡してすべての処理をお願いしても、10万円お支払いすれば大体収まります（注２）。

つまり、税理士さんに確定申告の面倒な作業を全部投げたとしても、青色申告の特別控除で増えた利益で費用を支払ってなお、５万円ぐらいのお釣りが出るわけです。

ただ問題があるとすれば、頼れる税理士さんの探し方です。というわけで次項ではその点について解説します。

頼れる税理士さんの探し方
～誰に頼むかで大違い！　損しないために～

フリーランスをやっていれば、必ず確定申告の煩雑さに頭を悩ませることになるはずです。しかし青色申告と税理士さんを活用すれば、実はなにも面倒なことはありません。もっとも、「知り合いに税理士さんがいる」なんて状況はそうないでしょう。あなたは自分で**信頼できる税理士さんを選ばなければなりません**。

「税務署もかかわるし、お金を預けるわけじゃないし、全部書類に残る仕事だし、どんな税理士さんに頼んでも一緒じゃないの？」そう思うかもしれません。

ところがです。同業者さんの話をいろいろ聞くと、**やっぱり税理士さんに差があることは間違いない**ようです。

注意点

たとえば、田舎で地元に税理士さんが一人しかいないような場合。やはり割高になること

POINT

フリーランスが税理士さんを選ぶポイント

- フリーランスに強い税理士さんを選ぶ
- 使える制度に詳しい税理士さんに頼む ➡ 変えるとお金を取り返してくれることも
- 業界の先輩に紹介してもらう

があるようです。

また、税理士さんにも専門分野があります。企業の相談役ばかりされているような税理士さんにフリーランスの作家が相談したところ、企業の相談料と同じような金額を取られてしまったという話も聞きました。

また、適用すべき制度を適用してくれない税理士さんもいます。悪意はなくともご経験が不足しているのか、下手すると数十万円も納税額に差が出ることもあります。しかもこっちも素人なので、どういう処理してくれているかが全然分からないんですよね……。これは、税理士さんを変えたら100万円取り返してくれたという話も聞きました。

そんな税理士さん、じゃあどう捜せばいいのでしょうか？　一番いいのは**所属しているる業界の先輩に紹介してもらう**ことでしょう。

先輩にそんなこと聞けない、という方もいらっしゃるかもしれません。ただ税理士さんに新規のお客さんを紹介すると、紹介した側も費用を安くしてもらえたりと特典がつくことが多いので、わりと誰でも喜んで紹介してくれると思います。私だって、機会があれば喜んで紹介します。

POINT

自分で青色申告をするときのポイント

- 青色申告会に相談する
- 費用が高くなりがちな帳簿だけ自分で作ってあとの処理を税理士さんに頼む
  ➡ 安く済む

税理士さんに頼らない方法

あとは面倒ですが一番単純な方法として、**青色申告を自力でやる**という手もあります。やり方を教えてくれるところはたくさんありますし、自力でやれば確定申告の度に16万円の報酬（というか節税効果）が出るわけですから、それはそれでアリです。特にフリーランスの場合、職業によっては収入・支出のパターンが限られているので結構楽とも言われています。

あるいは、税理士さんにお願いするときに費用が高くなりがちなのは帳簿を作ってもらう作業なので、**帳簿だけやり方を聞いて自分で作って、あとの処理を税理士さんにお願いする**という方法でもかなり安くすることができます。

第1章 第2章 第3章 第4章 第5章 第6章 第7章 第8章 第9章 第10章

まだまだある！「青色申告」のお得なメリット

青色申告を選択することには、ほかにもメリットがあります。

たとえばその年の収支が赤字だった場合、**赤字分を翌年に繰り越せるしくみ**があるのです（64頁上部参照）。特にフリーランスとして起業した年は設備などかなりの経費が計上されることが予想され、簡単に赤字になる可能性があります。

その結果、赤字が100万円になったとしましょう。青色申告にさえしていれば、翌年の確定申告で所得分と相殺できるので、**100万円×25%＝25万円ぐらい**は、オトクになるわけですね。

ただし！　青色申告特別控除に限らず、**控除分は赤字にすることができません**。つまり、年収50万円で65万円分の青色申告特別控除があったとしても、相殺できるのは50万円分まで。マイナス15万円の赤字にするということはできないのです。

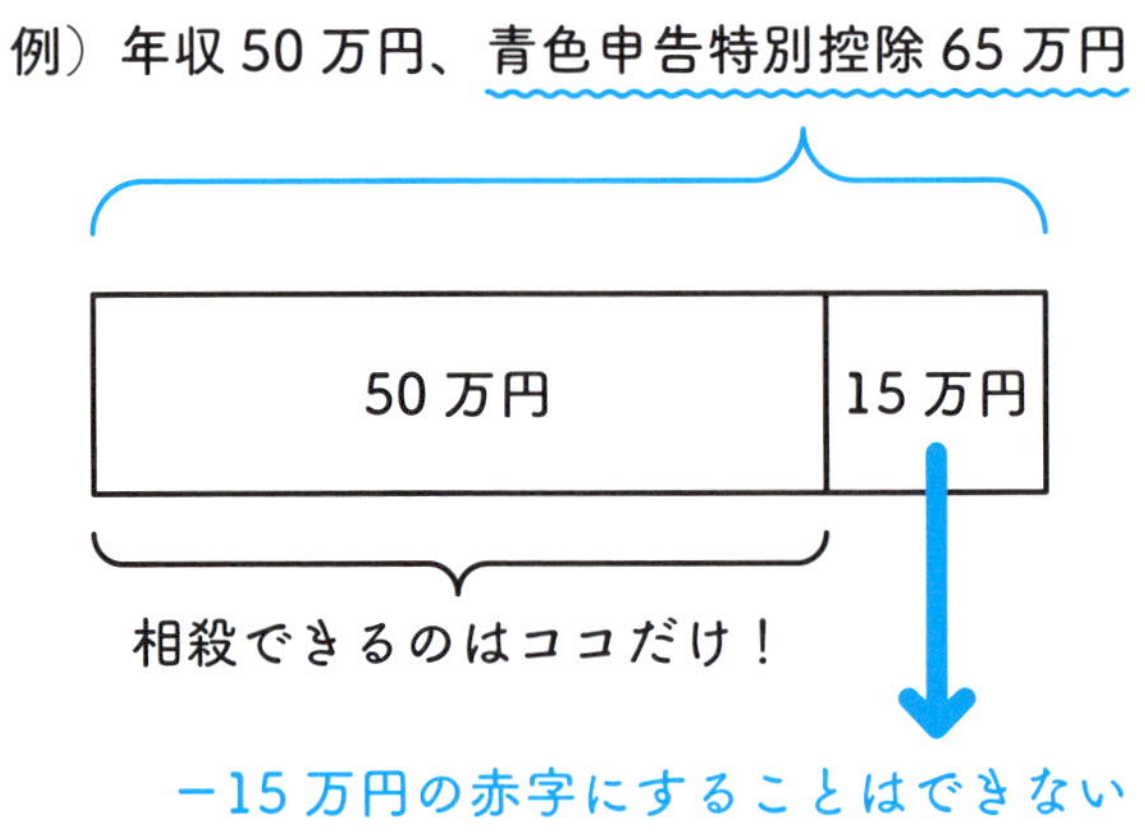

例）年収50万円、青色申告特別控除65万円
50万円
15万円
相殺できるのはココだけ！
－15万円の赤字にすることはできない

青色申告の申し込み時期

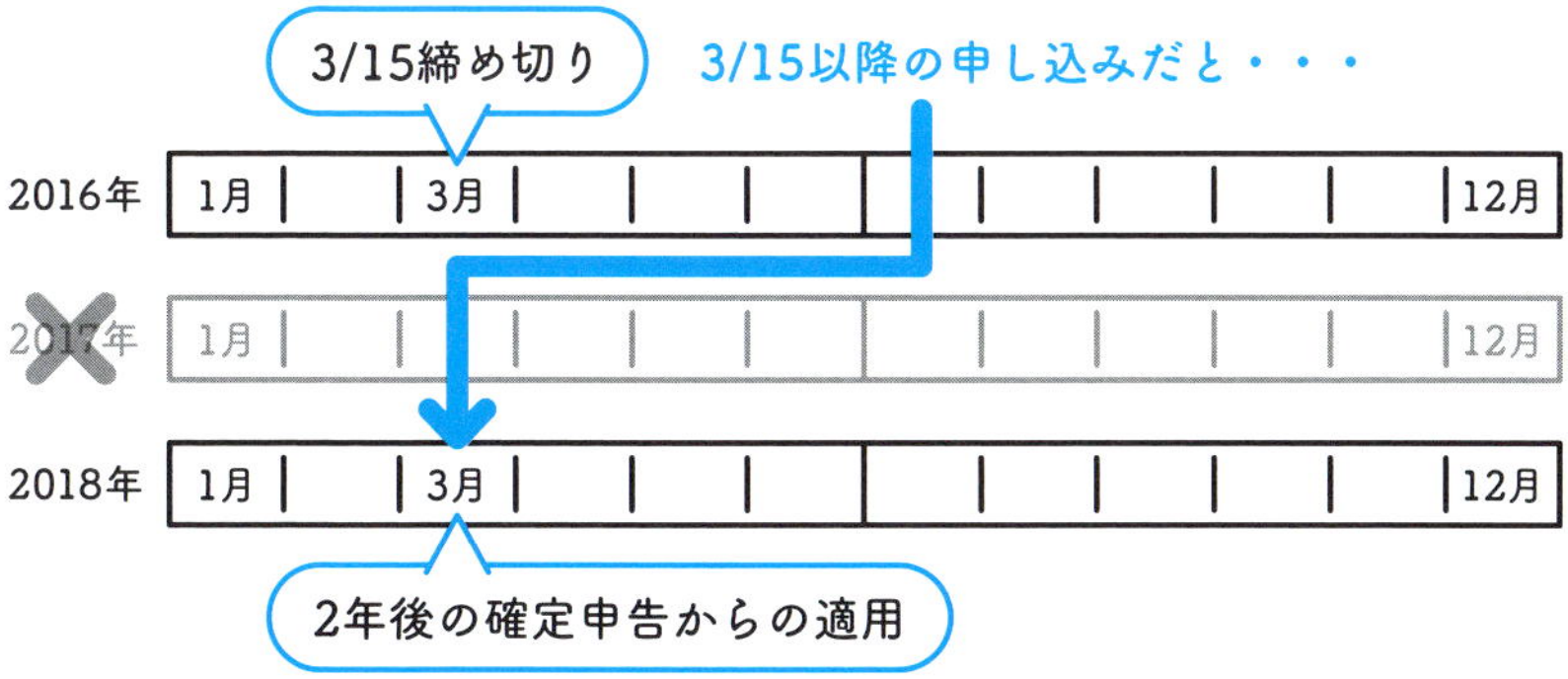

また、「**青色事業専従者給与**」といって、**青色申告者と生計が同じ配偶者や親族に給与を払うことで経費にする**ということもできます。独身の方や両親がまだ現役の方は当てはまりませんが、知識として知っておくと将来的に役に立つかもしれません。

「白色申告」から「青色申告」に切り替えるときの注意点

最後にひとつ、これだけは覚えておきましょう。

「白色申告」から「青色申告」に切り替えるには、税務署に届け出をしなければなりません。

問題は**「青色申告の申し込みの締め切り」が、確定申告と同じ3月15日まで**ということです。一応は期限を越えても申し込みはできますが、２年後の確定申告から青色申告になります。

たとえば２０１６年３月15日までに青色申告の申し込みをしなかった人は、翌年、つまり２０１７年３月の確定申告は青色申告できず、２０１８年３月の確定申告から青色申告ができます。

POINT

青色申告ポイントまとめ

- 赤字分を翌年に繰り越せる「純損失の繰越控除」が使える
- 白色から切り替えるときは届け出が必要　（※起業初年度は例外）
- e-taxで確定申告しないと控除が65万円 → 55万円になる

つまり、「今年は収入が多かったから」あるいは「大赤字だったから」と**慌てて青色にしようとしても残念ながら間に合わない**ということです。

でもそうやってズルズルいくと、間違いなくずっと白色申告になって毎年16万円ずつ損することになります。**諦めて今すぐ青色申告の申し込みをしましょう**。そうすれば2年後からはできるようになります。

ただし一点だけ例外があり、**フリーランスとして起業した最初の年に限っては、税務署に申請することで最初から青色にすることもできます**。もしあなたが今後フリーランスになる予定の立場でしたら、**開業届を提出するときに併せて青色申告申請書を提出する**ということだけは覚えておきましょう。

？白色申告って？

なお一昔前であれば白色申告の処理は簡単だったのですが、今では白色でも記帳の帳簿書類の保存が義務化されている関係で、白色にするメリットはほとんどなくなりつつあります。

また「青色申告の申し込み」をしたあとであっても、白色で確定申告することは可能だそうです（厳密には「白色で申告しても罰則もなにもない」と言うべきなんですが）。ようするに青色申告すべきところを白色申告すると余計に税金を納めることになるので、国もとやかく言わないわけですね。

青色申告の申し込み方法と「e-Tax」

ちなみに青色申告の申し込み方法ですが、税務署やインターネットなど、すでにいくらでも解説している媒体があるので本書では触れません。でも面倒臭かったらホントに税理士さんにお願いしましょう。

なお、56頁で「❸ **青色申告複式簿記の控除は65万円**」としていますが、**青色申告特別控除の65万円は平成30年度より55万円に減額される**ことになりました。しかし**「e-Tax」といった国税電子申告・納税システムを使用すると65万円のまま**です。この機会に税理士さんに依頼して「e-Tax」で確定申告してもらうことを考慮する価値は充分にあると思います。

またフリーランスの場合、このあと第8章でお話しする「**平均課税**」という制度も適用したほうがお得になることが多いです。

- **平均課税**
- **青色申告特別控除**
- **確定申告による日常業務の遅れ**
- **e-Tax**

こういった作業量を考えると、やっぱり税理士さんにお願いするのをオススメします。

第5章

将来の備えと節税が同時にできる
【退職金制度と小規模企業共済】

将来の備えと節税が同時にできる！ フリーランス向け退職金制度

退職金のしくみ

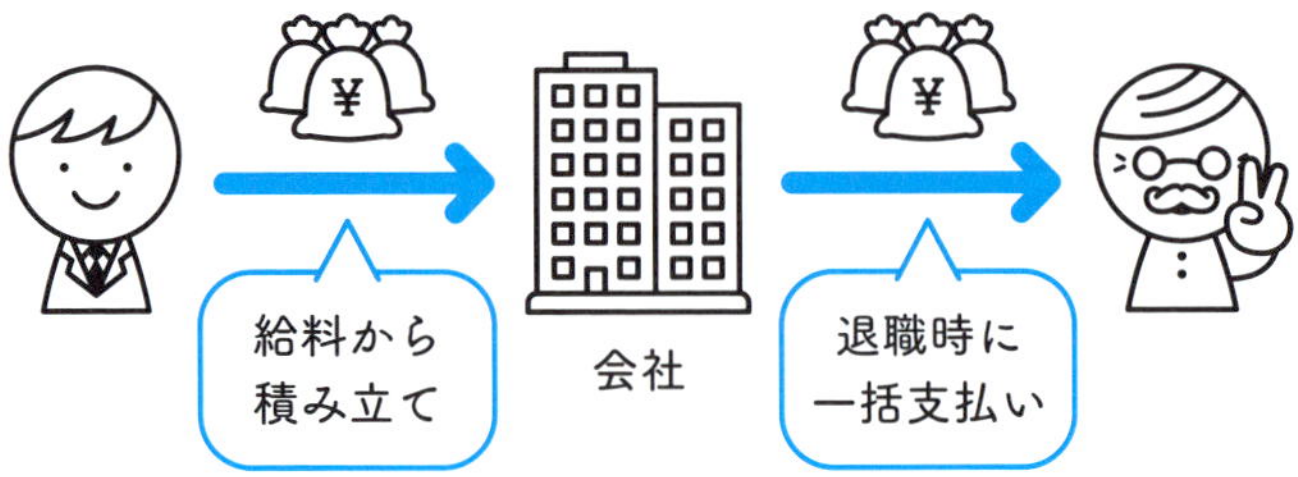

４章でお話しした「青色申告特別控除」については、それなりに有名なのでご存じの人は多いと思います。ただ、この章の主題である「フリーランス向け退職金制度」の話になると、途端に知らない人、あるいは興味を持たない人が多くなります。そりゃそうです、フリーランスなんて2年先だって怪しいのに、退職後や20年後のことなんて考えられませんよね。

ですが、退職金制度というのはその辺よくできていまして、**利用しないと本当にもったいないです。**

まず基本から入りましょう。退職金とは、**働いているときに給料から少しずつお金を積み立て、退職するときにまとめて返してもらうという制度**です。

日本のシステムとして、「将来に備えての積立をしているなら、税金とかいろいろ安くしてあげるよ」というのがあるのですが、退職金がまさにそのひとつなわけです。

早速、要点だけまとめましょう。

退職金制度のメリット

- 所得税と住民税の控除にできる
- ↑とは別の「退職金控除」の枠ももらえる
（積み立てた年数×40万円分）
- 受け取るのには普通に税金がかかるが、通常の半分でOK

- フリーランスにも、任意で入れる退職金制度があります。
- 積み立てた退職金は、所得税・住民税の控除にできます。(つまり最低15%の節税効果。年40万円積み立てたとすれば、6万円の節税に)
- 退職金を受け取るときは、普通に税金がかかります。
- 退職金を積み立てると、前述の控除とは別に「積み立てた年数×40万円分」の「退職金控除」という枠をもらうことができます。退職金を受け取るときに、この退職金控除額内であれば、税金を0円にすることができます。(なお退職金を積み立てた年数が20年を越えると控除額はもっと増えます)
- ・退職金控除額を超えたとしても、退職金にかかる税金は通常の半分で済むので、間違いなく節税効果は高いです(73頁参照)。
- 退職金控除は、「積み立てた年数」で増えていくのであって、「積み立てた金額」は関係ありません。この関係上、毎月1000円でもいいので長期にわたって退職金を積み立てると、非常に大きな効果が生まれます。

退職金制度について　～フリーランスでもできる積み立て制度～

まず前提として、会社員なら会社によって「退職金共済」のような制度が用意されているはずです。一方我々フリーランスにはそんな制度はなく、**個々人が自分の意志で、つまり任意で退職金制度に加入しなければいけません**。

幸い、フリーランス向けにも退職金制度はちゃんと用意されています。ただ、そういった制度に任意で加入してまで退職金の積立を行う理由はどこにあるのでしょうか？

退職金として積み立てたお金は、所得税・住民税の控除の対象になるという仕組みがあるからです。ただし、国保の控除にはできません。ややこしい！　ただ、退職金を受け取るときには国保は課税されません。やっぱりややこしい！

計算してみよう

具体的に計算してみましょう。年に40万円を積み立てたとします（注1）。

注1：なぜ年40万円かというと、退職金控除に収まるからです。詳しくは後述します。

例）1年で40万円積み立てた場合

40万円積立

× 15% ＝ 6万円

所得税＆住民税の控除分

税効果を例によって、「所得税＋住民税＋国保で25％」といいたいところ……ですが！　前述した通り、**退職金は国保の控除の対象にならないので、今回は15％で計算します**。

つまり、仮に1年で40万円を退職金として積み立てた場合、**40万円×15％＝6万円分、所得税・住民税を安くできるわけですね。**

しかも積み立てた40万円は、退職金としてのちのち全額返ってきます。つまり**将来的に引退して退職金を受け取れば、6万円分が本当に丸々オトクになる**わけです。

更に退職金は基本的に運用されるので、多少の利息までつきます。

「40万円積み立てて6万円の節税効果！」と書くと「16万円お小遣いが増える青色申告特別控除」に比べ、ちょっとインパクトが薄れるかもしれません。ただ「**ほぼ元本保証の40万円投資で（最初の年だけ）年利15％保証**」と考えてみれば、その効果は絶大です。投資話でそんなものを紹介されたら、詐欺を疑うレベルですね。

退職金控除について
～退職金受け取りにかかる税金が無税になる!?～

ただし！ **退職金は受け取るときに税金がかかります**。

その一方で！ **退職金には「退職金控除」という特別な控除が設定されており、「結果的に無税になることが多い」**です。退職金控除は、次の計算で決まります（注2）。

退職金控除の計算

勤続年数×40万円

つまり**10年勤続すれば、400万円分の退職金控除額ができる**わけですね。これが重要なポイントです（注3）。

計算してみよう

毎年20万円を10年間、合計200万円積み立てたとします。**積み立てた額がいくらであっ**

注2：注1で退職金の積立額が年40万円となっているのはこのためです。
注3：勤続年数が20年を超えた場合、さらにこの額は大きくなります。正確には800万円＋(勤続年数－20）×70万円という計算式になります。

ても、10年積み立てたので退職金控除は400万円あります。

つまり10年で退職金200万円を積み立てた場合、退職金控除400万円に収まるので、**退職金にかかる所得税・住民税は0円**になるんです。国保も退職金にはかかりません。

問題は年間50万円を10年間積み立てたとき、つまり退職金控除額を超える場合です。

この場合、

退職金（50万円×10年）－退職金控除（40万円×10年）＝100万円

が課税対象になります。

ただ、**退職金に対する課税は通常の半分になる**と法律で決まっています（なにしろ退職後の生活を維持するための大切なお金ですから）。**この場合は100万円の半分、50万円が課税対象**になります。そこから所得税、住民税が計算されるので相当安くなることだけは間違いありません（注4）。

注4：今だと「復興特別所得税」がかかったりします。

退職金控除の計算

例）毎年20万円を10年間、計200万円積み立てた場合

積み立てた年数 × 40万円

＝ 10年 × 40万円

＝ 400万円

積み立てた額は関係ない！

ポイント

ただし、一点重要なことがあります。先ほどから出ている「**勤続年数**」。これは**フリーランスをやっていた年数ではなく、正確には「退職金を積み立てていた年数」**だということを覚えておいてください。

ここにもうひとつの大きなポイントがあります。

「退職金の積立」というのは、あとで返してもらえるとはいえ、毎年自分で使えるお金が少なくなることは間違いありません。そこで、無理なく年間で2万円ずつだけ積み立てていったとしましょう。

その場合でも、**退職金控除額は毎年40万円ずつ増えていくんです**！

これを5年続けるとどうなるでしょうか。積み立てた退職金の額は10万円程度ですが、退職金控除額は、

5年 × 40万円 ＝ 200万円

になっているわけです。

例）年2万円を5年積み立てた場合の退職金控除額

5年 × 40万円 ＝ 200万円

でも実際に積み立てているのは

2万円 × 5年 ＝ 10万円

➡ 190万円分余っているので、
収入が上がったときに埋めていく感じで積立を増やす！

これは状況によってはすごいことになります。というか、ここが今回の話のキモといってもいいでしょう。

たとえば年間2万円だけ退職金を積み立てている状態で、6年目から仕事がうまくいって収入が増えたとします。その場合、**退職金の積立額を一気に80万円ぐらいにしてしまえばいい**んです。つまり、**増えていた退職金控除額を埋めていくイメージ**ですね。

するとその年は、**積み立てた80万円全額を控除にできる**わけです。収入が増えている年なら所得税も増えていることでしょう。

節税効果は20%としても、16万円以上になり得ます！ 翌年以降収入が戻ったら、また積立額を2万円とかに戻せばいいんです。とにかく、**年に1万円であろうと退職金の積立さえしていれば、毎年40万円の控除額ができていく**わけですから。

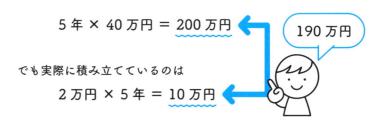

小規模企業共済について　～自由に積み立てられる退職金制度～

ではそんな便利な退職金、一体どうやって始めればいいのでしょう？　フリーランスのような個人事業主向けの退職金制度となると、誰にでも勧められるものは一つしかありません。それが「**小規模企業共済**」です（注5）。

小規模企業共済とは、

- **フリーで活動している個人事業主向けの退職金制度で、毎月1000円から7万円まで（年間で最大84万円まで）の金額を自由に設定して、自分の退職金として積み立てることができます**（注6）。

退職金というのは**積み立てた年数が長いほど退職金控除額が増えていきます**。つまり収入が安定しないうちとか、何年フリーランスをやっていられるか分からないときは、**月1000円でもいいんです**。それでも毎年40万円の所得控除が蓄積されていきますので。

注5：ほかにも「個人型確定拠出年金」が有名ですが、月々の最低掛金、受け取れる年齢、中途解約の有無等を考えると、「小規模企業共済」よりはオススメしづらいんですよね……。
注6：なお正確には「積み立て金」ではなく「掛金」と言うそうですが、でも積み立てって言ったほうがイメージしやすいと思います。

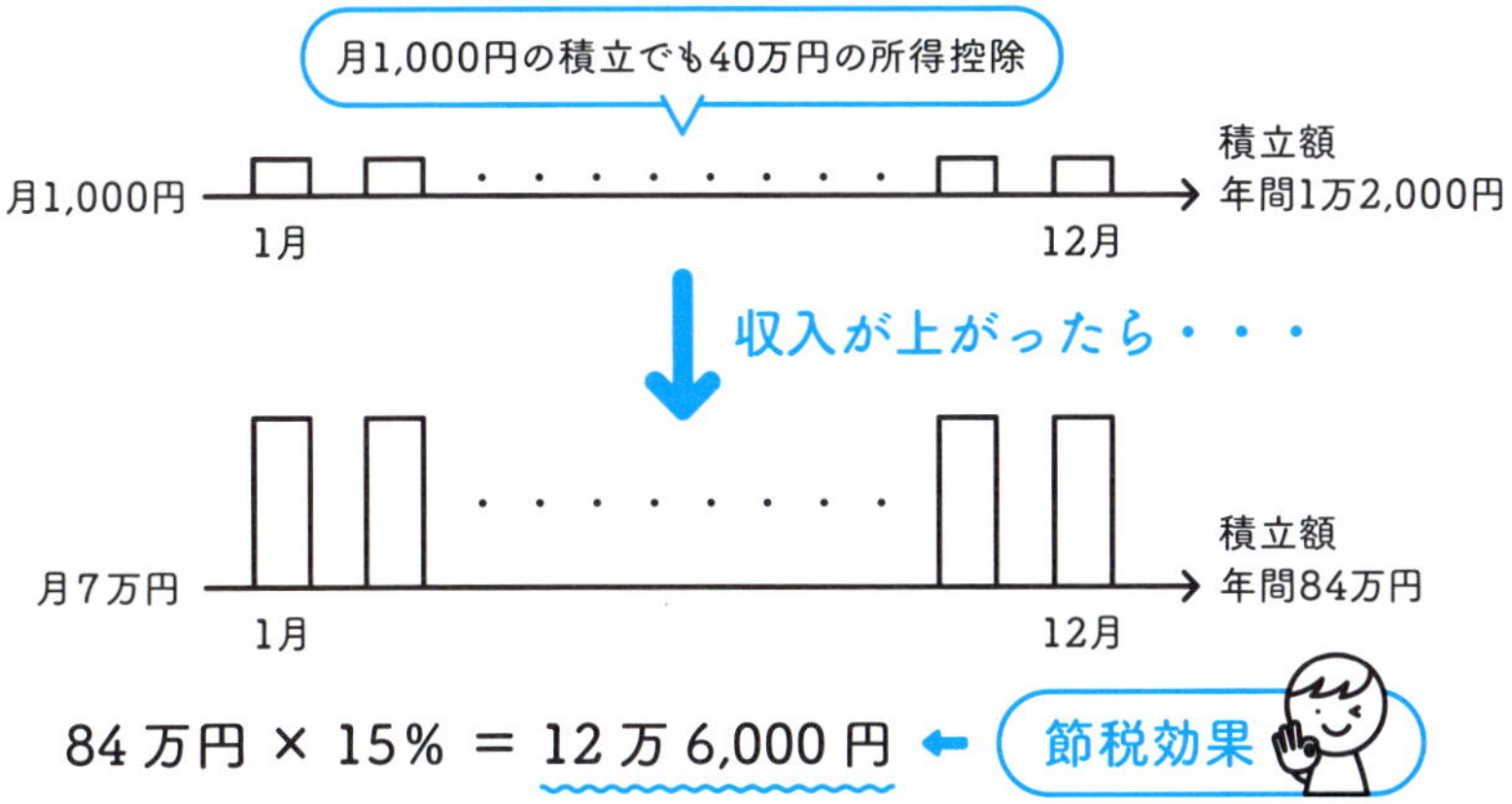

そしてもし収入が増えた年があったら、積立金を一時的に最大の月7万円に増やしましょう。その場合、年間84万円にもなりますから、所得税＋住民税を15％として、12万6000円の節税効果が発生します。

ちなみに、2016年4月から小規模企業共済のルールが改訂され、掛金の増減も以前より簡単になっています。また銀行預金よりマシというぐらいですが、**積み立てたお金は共済で運用してくれるので利息までつきます**。

ただ一つだけ覚えておきたいのが、**自分が積み立てた退職金をもらうのに次の条件がある**ということです。

> **❶ 事業をやめて引退するとき**
> **❷ 任意解約するとき**

2つのパターンに分けて、順番に見ていきましょう。

注7：金融機関によっては手続きが数日かかることもあります。

❶ 事業をやめて引退するとき

まず、事業をやめて引退するというのなら問題ありません。フリーランスを辞めてサラリーマンに戻る、とかでしたら即座に利息つきで退職金がもらえます。

❷ 任意解約するとき

問題は引退ではない場合、つまり任意解約です。たとえば、5年ぐらいで積立を辞めて任意解約した場合、**利息がつくどころか積立金の80%しか返ってきません**。

おまけに任意解約の場合、名目が「退職金（正確には共済金という名称）」ではなく、「**解約手当金**」になります。ようするに、これまで散々アピールしてきた**退職金控除枠が使えなくなります**。節税効果が大いに薄れるわけです。

ただし、「廃業、死亡した場合」「65歳以上で任意解約」であれば問題ありません。

「小規模企業共済」がお金を貸してくれる!?

また、小規模企業共済にはもう一点覚えておくべき便利な制度もあります。

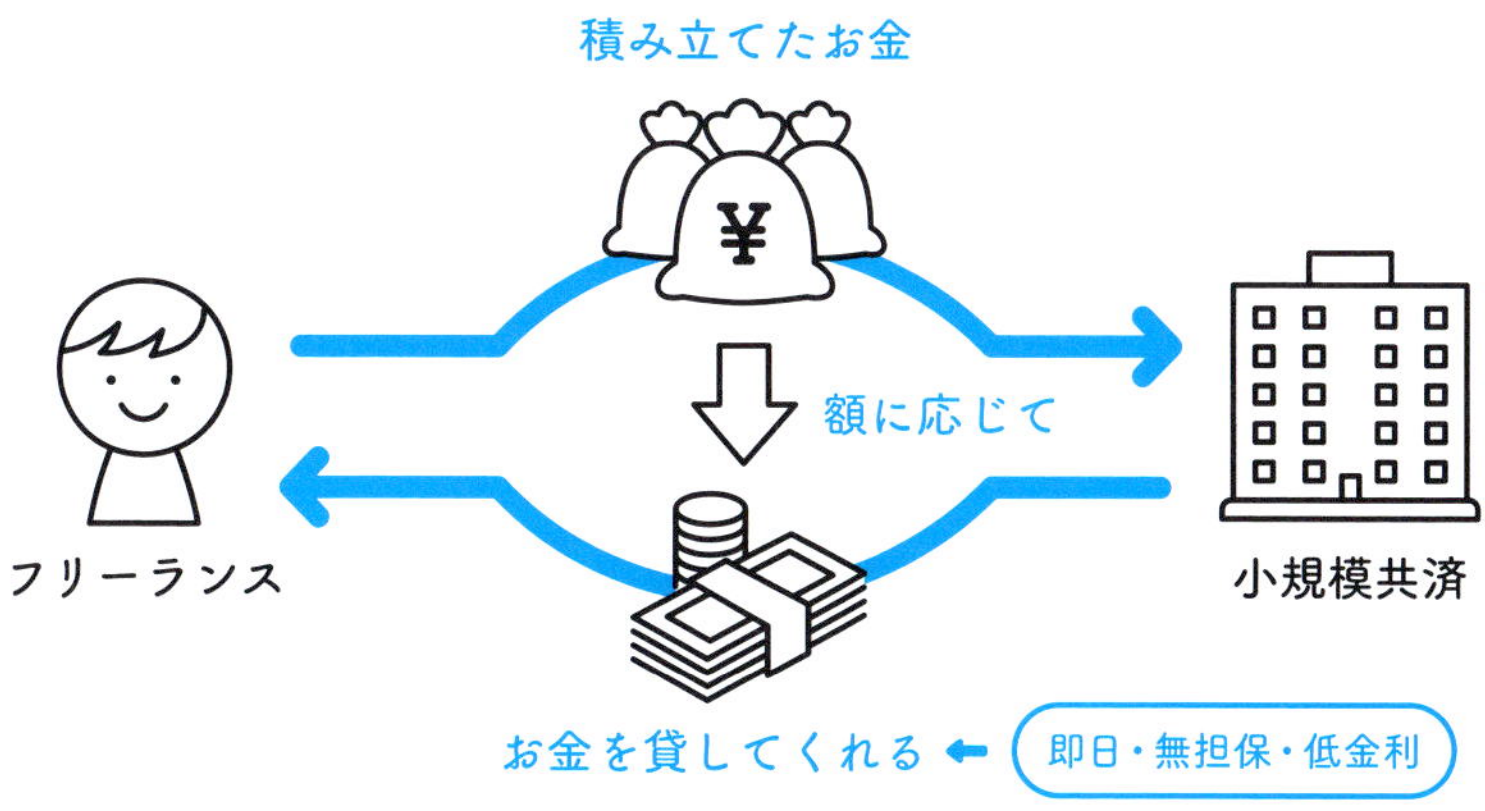

たとえば年に最大の84万円を積み立てたとします。でも84万円を積み立てるということは、その年に使えるお金が84万円分減っているということでもあります。しかも積み立てたお金は、引退とか死亡とか、65歳になったとかじゃないとなかなか全額戻ってきません。

じゃあもし小規模企業共済に加入して5年目あたりで病気を患ってしまい、収入が絶たれたら？　今解約したら積立金の80％しか返ってこない。でも手元にお金がない！　あのとき積立なんてしていなかったら！　ということになりかねません。

安心してください、お金を貸してくれるんです。

小規模企業共済では、**自分が積み立てた金額に応じたお金が借りられます**。なにせ預けたお金に応じた金額なので、**即日・無担保・低金利**で貸してくれます。

即日・無担保・低金利ですよ！　即日・無担保・低金利。いい言葉です。即日・無担保・低金利（注7）。

もし借りたお金が返せなくても、積み立てた分から減らされるだけ

注８：貸し付けにも一般貸し付け・傷病災害時貸し付け等々ありますので、実際の数字に差異は出ると思います。
注９：ちなみにこの制度によくある誤解として、「積み立て分を担保にお金を借りる」わけではありません。借金を返せなかった場合、「積み立て分から法定弁済される」というのが正しいです。

ですから、少なくとも人に迷惑はかかりません。借りた分を無事返済できれば、何事もなかったかのようにそのまま積立も続けられます。

また、**利息だけ払って借金を繰り越すことも可能**です。この場合、年利１％で繰り越しができるので、返済の目処があるなら充分選択肢に入るでしょう。

ちょっと分かりにくいので、もう少し具体的な例を出しましょう。

たとえば１２０万円を積み立てていれば、１００万円ぐらいまでは即日貸してくれます（注８）。一応、１００万円を踏み倒しても構いません。

ただ踏み倒した場合は延滞利息が17％取られるので、１１７万円を積み立てたお金から弁済されます。なのでこういう場合は年利１％の利息だけ払って借金を繰り越すという手もあります（注９）。

デメリット

では、退職金制度について散々メリットばかり書いてきましたが、デメリットはあるのでしょうか？

当然あります。たとえば、小規模企業共済を運営している団体が潰れる可能性はゼロとは言えません。ニュースで時折耳にしますが、関係者が横領したとか運用失敗したとかで退職金が減ることだって絶対ないとは言い切れません。

でも銀行預金だってリスクはありますし、一番安全とされる日本の国債だってリスクがあると主張する人はいますから。それこそ退職金の積立より、金の現物でも買っておいたほうがいい未来もあり得るわけです。

ただ小規模企業共済は、あくまで個人事業主の生活安定を目的とした機構です。

確定申告したことがあるならご存じの方も多いと思いますが、控除欄にわざわざ「小規模企業共済等掛金」という項目が設定されているぐらいです。さすがにそう無茶な投資をしたり破綻したりとかはないと思いますが、軽々しくはなんとも言えません。

また、場合によっては数十年お金を預けることになるため、軽視できないのがインフレです。掛金を運用してくれているので多少のインフレは吸収してくれるはずですが、今後数十年でガンガンインフレしていくことになれば、目減りは避けられないと思います（銀行預金のほうがインフレリスクは高いですが）。

そういうわけで、小規模企業共済にもリスクがあることは否定できません。もし潰れたとしても、私も全く責任なんて取れませんし、結局この手の積立は個人の責任で行うほかあり

第1章 第2章 第3章 第4章 第5章 第6章 第7章 第8章 第9章 第10章

ません。

とはいえ、リスクが十分考慮できるのであれば、小規模企業共済が便利な制度であることは間違いありません。フリーランスになったら、**早いうちから月1000円だけでも積み立てておくのはオススメ**です。それならリスクはほぼない一方で、のちのち大きなリターンに繋げられやすいですし。

ちなみに小規模企業共済の申し込み方法は、ざっくりこんな流れです。

❶ 必要な書類を入手&記入

←

❷ 窓口へ提出

←

❸ 40日後に「小規模企業共済手帳」が届く!

そんなに複雑な手続きではないので、今すぐ「小規模企業共済」とインターネットで検索して、公式サイトに行ってみましょう!

第6章

知らないと30万円損する【国民健康保険と文芸美術健康保険】

国民健康保険と文芸美術健康保険の違いについて ～あなたが入るべき健康保険はどっち？～

今更ですが、健康保険にさえ入っていれば普段病院で**支払う医療費は総額の3割程度**で済みます。残りの7割は国から出ており、そのおかげでアメリカなどで問題になった高額医療費問題からもそれなりに無縁でいられるわけですね。

この健康保険には、大きく2種類あります。

- **多くのフリーランスが入っている、国保こと「国民健康保険」**
- **サラリーマンが勤務先を通して加入する、社保こと「社会保険」**

兼業などで、社保に入っている分にはなんの問題もありません。社保は基本的に会社側とで費用を折半することになりますから、大変安く済みます。会社員をやってると結構高いと感じることもあるんですが、それでも国保に比べれば安いんですよね……。

注1：ただし、翌年の所得税・住民税の控除にできるため、50万円払っても最低15%、つまり7万5000円ぐらい戻ってくることにはなるんですが。

〔各健康保険の違い〕

	国民健康保険	社会保険	文芸美術健康保険
加入条件	フリーランスをはじめとする個人事業主や無職、その他の保険制度に属さない者すべて	会社に勤務している正社員、または正社員の3/4以上労働する者（短時間・短期間労働者は除く）	日本在住で文芸、美術及び著作活動に従事し、組合加盟の各団体の会員である者とその家族
運営者	市区町村役場の国民健康保険窓口	協会けんぽまたは各社会保険組合	文芸美術国民健康保険組合
保険料	世帯単位で「加入者の数」「年齢」「収入」などから算出	個人単位で「年齢」「収入」などから算出	収入の多少に関わらず定額 組合員1人月額1万9,600円 家族1人月額1万300円

一方の国保。何度かお話ししてきましたが、ざっくり課税所得の8～10％は持っていかれるイメージで、しかも扶養家族の有無や年齢によって増減し、最大50万円、地域によっては85万円くらい持っていかれます（注1）。

特にフリーランスの場合、収入の上下が異常に激しいんですよね。たとえば私は2003年に4冊の本を出しました。ところがうち1冊は年末に出しました。そして翌年、2004年には確か5冊出しました。

すると、不思議なことが起きます。

12月に出した本の印税は、翌月以降に振り込まれます。つまり2003年は4冊出したけど印税は3冊分。

一方、翌2004年には「1＋5＝6冊分」の印税が振り込まれるわけです。

注２：所得税なら平均課税（第８章で解説します）という制度を使うこともできたんですが、当時の私はもちろんそんな制度のことは知りませんでした。

すると年収は無駄に倍近く跳ね上がり、また当時は無知だったのでロクに節税もしていなかったものですから、あっさり保険料50万円を持って行かれたりします。あの金額を見ると結構衝撃受けます。

２００４年は、前年より1冊分多く仕事をしたのは確かです。しかし、仕事量としてはそれほど増えたわけでもないのに、ただお金が振り込まれるスケジュールの関係だけで、国保は簡単に跳ね上がるわけです（注２）。

文芸美術健康保険とは？

さて、そこで本題です。

国民健康保険というのは、実は運営する母体によって徴収される保険料が変わります。多くの人が加入しているのは、お住まいの自治体運営による国保でしょう。

一方で、**同業者が集まって作った組合が運営する健康保険**というものがあります。たとえば私のような物書き、フリーのデザイナーやイラストレーターなどが加入できる「**文芸美術健康保険**」が非常に有名です。略して「文美」とか「文美保険」とか呼ばれています。

文美のメリット

では文美保険のどこがいいのか？　それは**保険料が基本的に定額なところ**です。一人当たり、月額1万9600円（平成30年度）。つまり年間で20万円あまり。私も2004年にこの文美に入っていれば、国保で50万円取られるところを20万円にできていたわけですから、どれぐらい得なのかは一目瞭然です。

つまり、あなたの職種にもよりますが、フリーランスならこのような「同業者が集まって作った組合運営の国民健康保険」に加入できる可能性があるわけです。

文美に加入する際の注意点

もちろん、覚えておくべき問題点がいくつかあります。たとえば前述の文美保険に入るには、次の資格が必要になります。

「日本国内に住所を有し、文芸、美術及び著作活動に従事し、かつ、組合加盟の各団体の会員である者とその家族」

第1章 第2章 第3章 第4章 第5章 第6章 第7章 第8章 第9章 第10章

注３：ただ、「日本推理作家協会」は入会に理事とほかの協会員の推薦が必要なので、結構入るのが難しいです。

ようするに、**特定の「団体」に入らなければ文芸美術健康保険組合にも入れない**ということです。

私の場合、「日本推理作家協会」に入っているので、そこから文美保険に加入できました（注３）。正しくは、「文美に入りたいがために推理作家協会に入った」と言うべきですが。

もちろん、団体はほかにもあります。私の立場上、よく聞くのは「日本アニメーター・演出協会（JAniCA）」の準会員とか、「日本児童文学者協会」とかですね。本を１冊でも出していれば、結構入れてくれる団体はあるそうです。

ほかにも文美のホームページに加盟団体リストがあるので、興味がありましたら自身の職業がその団体に該当するのか是非調べてみてください。参考までに左頁に表をのせます。

最近ではドワンゴがやっている「日本ネットクリエイター協会」というのもあり、話題のユーチューバーさんなんかはそちら経由で入れたりするそうです。

ただ、団体への入会はなんとかなるんですが、問題は入会金と年会費です。どの団体でも、入会費・年会費がそれぞれ２〜３万円は取られると思ったほうがいいです（経費で落とせると考えれば25％引きにはなりますが）。

〔おもな職業と加入できる団体〕

職　業	団体名
コピーライター	東京コピーライターズクラブ
インテリアコーディネーター	日本インテリアコーディネーター協会
グラフィックデザイナー	日本グラフィックデザイナー協会
アニメーター	日本アニメーション協会
映画関係者	日本映画ペンクラブ
映画・テレビ制作者	日本映画テレビプロデューサー協会
演劇関係者	日本演劇協会
ゲームシナリオライター	日本ゲームシナリオライター協会
広告写真家	日本広告写真家協会
ミステリー作家	一般社団法人　日本推理作家協会
クリエイティブディレクター	日本空間デザイン協会
漫画家	一般社団法人　マンガジャパン
CG・VFX関係者	一般社団法人　VFX-JAPAN
イラストレーター	日本イラストレーション協会
インターネットを中心に活躍するクリエイター	日本ネットクリエイター協会
工芸作家	日本クラフトデザイン協会
各種デザイナー	日本サインデザイン協会
ジュエリーデザイナー	日本ジュエリーデザイナー協会
画家など	日本出版美術家連盟
スポーツジャーナリスト	日本スポーツプレス協会
IT系ライター	日本デジタルライターズ協会
装丁家	日本図書設計家協会

国民健康保険と文芸美術健康保険の比較 〜どちらのほうが安く済む？〜

もちろん50万円かかる国保が、文美にすることで「20万円＋年会費３万円」に抑えられるならなんの問題もありません。ただもう一つ考慮しなければならないのが、**国保との料金比較**です。

まず本書では、国保で取られる金額をざっくり「８％」、より正確を期すなら「８％＋４万円」として扱ってきました。より正確に料金比較したいので、今回は**８％＋４万円**で具体例を示しましょう。

年収３００万円、控除と経費が50万円の場合

（３００万円 − 50万円）× ８％ ＋ ４万円 ＝ 24万円

つまり、**年23万円の文美のほうが安く済みます**。

国保と文美の保険料の比較

文美	定額「年間20万円＋年会費3万円」		
国保	例）1 年収　300万円 控除・経費　50万円 ↓ 年間24万円	例）2 年収　300万円 控除・経費　100万円 ↓ 年間20万円	例）3 年収　350万円 控除・経費　100万円 ↓ 年間24万円
	文美のほうが安い	国保のほうが安い	文美のほうが安い

とはいえ、青色申告特別控除の65万円が出ていれば、国保の基礎控除33万円と経費を合わせて100万円を軽々上回ると思います。

年収300万円、控除と経費が100万円の場合

（300万円－100万円）×8％＋4万円＝20万円

今度は国保のほうが安くなります。

年収350万円、控除と経費が100万円の場合

（350万円－100万円）×8％＋4万円＝24万円

今度は文美のほうが安いです。

つまり**年収300万円ぐらいの場合、国保・文美のどちらが安くなるかは人ぞれぞれ**なんですね。経費の額、扶養家族の有無、年齢、地域などで分岐点は大きく左右されるため、一概にどちらがオススメと申し上げることができません。

ただこの比較の通り、たとえば**控除分と経費分で100万円台であり、かつ年収が向こう数年500万円稼げるのであれば、ほぼ間違いなく文美のほうが安い**ということになります。

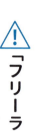

「フリーランスになったら文美に入れ」という言葉、鵜呑みは危険かも？

とはいえ、なにしろ収入が不安定なのがフリーランスです。一定以上の年収がコンスタントに稼げるのであればおそらく問題ありませんが、数年間安定しそうにない、ということなら国保のほうが安い場合もかなりあるでしょう。

おまけに昨今の日本の情勢のためか、「保険料はいつ値上がりしてもおかしくない」なんて一文が毎年のように文美の報告書に書かれています（国保も同じような状況ですけど……！）。

実際、私の属している業界でも「フリーランスになったら文美に入れ」なんて合い言葉のように言われてきたのですが、「うちの家族の場合、文美より国保のほうが安い」なんていう人が増えてきたことも事実です。

ただし！　何度もお話ししている通り、国保は地域によって変動します。この地域差は非常に激しく、一番高いところと低いところでは2倍近い差があったりもします。もし国保が高いとお悩みの場合は、まずお住まいの地域の国民健康保険料の額を、ほかの地域と比べてみることをオススメします。

地域による国民健康保険料の差について　～新宿区と神戸市で比較してみよう～

参考までに、次のケースでの新宿区と神戸市の国民健康保険料を比較してみましょう（注1）。

- **年齢25歳**
- **扶養家族なしの一人暮らし**
- **固定資産なし**
- **年収３００万円、経費・控除合わせて１００万円**

結論から言ってしまうと、同じ条件でもこれだけの差があります。

- **新宿区　24万１８００円**
- **神戸市　29万７４５０円**

神戸市にお住まいだったら、確実に文美に入ったほうがいいです！

注1：平成30年度での保険料で計算しています。なお年齢は30歳でも35歳でも変わりませんが、40歳を越えると介護保険が加算されます。

おまけ

国民健康保険料の計算方法について

参考までにどんな計算が必要かを解説しますが、非常にややこしいので読み飛ばしても構いません。

まず年収から控除と経費を引きます。

300万円－100万円＝200万円

この「200万円」という数字が、国保を算出する際に基準となる「**算定基礎額**」という数値です。

それから国保は、次の3つの要素から計算されます。

❶医療分
❷後期高齢者支援金分
❸介護分

国保の正式な数値を出すには、この3つをそれぞれ別の計算で算出して合算しなければなりません。

東京都新宿区の場合

では、東京都新宿区を例に挙げて早速計算してみましょう。

まず医療分。新宿区の医療分は次のような式になります。

❶ 医療分
算定基礎額×7・32％＋被保険者均等割額×加入者数
200万円×7・32％＋3万9000円×1＝18万5400円

おっと、まだ医療分だけですよ。続いて後期高齢者支援金分。

❷ 後期高齢者支援金分
算定基礎額×2・22％＋被保険者均等割額×加入者数
200万円×2・22％＋1万2000円×1＝5万6400円

最後に❸介護分です。ただし、安心してください。これは40歳以上64歳以下の加入者がいる世帯のみに必要です。つまり、今回のサンプルである25歳独身一人暮らしの場合、不要です。

つまり年収300万円、経費・控除分100万円として、新宿区における国保の金額は

国民健康保険料
18万5400円＋5万6400円＝24万1800円

ただ翌年の所得税・住民税の控除対象になることを考えると、実際に払うのは20万円ぐらいになりますね（注2）。

兵庫県神戸市の場合

続いて神戸市を例に挙げて計算してみましょう。

神戸市といえば住みたい街ランキングで必ず上位に入るような人気都市である一方、非常に国保が高い自治体としても有名です。

注2：本書で国保について８％ないし８％＋４万円などの数字を使っている根拠はこの辺から来ています。基礎額に対するパーセンテージと加算される固有の金額だけを見れば、８％＋４万円ぐらいなんですね。

まず医療分。神戸市の医療分は次のような式になります。

❶ **医療分**
算定基礎額×8・17％＋被保険者均等割額×加入者数＋世帯別平等割額
200万円×8・17％＋3万7110円×1＋2万1360円＝21万5470円

続いて後期高齢者支援金分。

❷ **後期高齢者支援金分**
算定基礎額×3・11％＋被保険者均等割額×加入者数＋世帯平等割額
200万円×3・11％＋1万1670円×1＋8110円＝8万1980円

最後に❸介護分ですが、例によって今回のサンプルである25歳独身一人暮らしの場合不要です。

つまり年収300万円、経費・控除分100万円として、神戸市における国保の金額は

国民健康保険料
21万5470円＋8万1980円＝29万7450円

8％＋4万どころか、15％近く持っていかれる計算です。

というわけで。あなたのお住まいの地域によっては、今すぐ文美に入ったほうがいいこともあり得ます。

おまけ

「25％」の汎用性

本書では、「最低25％」という数値が何度も登場しました。これは国保で8％余り取られるという前提で出てきた数値です。経費の節税効果も、この25％という数値で行ってきました。

ですが国保から文美に切り替えた場合、以後の保険料はパーセンテージではなく固定の20万円＋年会費2万円前後になります。つまり、経費計算には「最低25％」ではなく「15％ないし17％」という数字を使うことになるのでは……？

しかし、国保から文美に切り替えるには、ある一定以上の年収がないと意味がありません。

そして、たとえば年収から経費・控除を除いた額が４００万円、５００万円とかあった場合、所得税率は15％ぐらいになります。ここに住民税10％を合わせると、25％。

結局、国保の８％分がなくても、「文美に切り替えたほうがいいぐらいの収入」があった場合、「最低25％」という数値が大体使えるわけですね。

第7章

楽しく節税

【寄付金控除とふるさと納税】

寄付金控除の基本

　ふるさと納税という制度があります。数ある節税手段の中でも、おそらく一番楽しい制度です。
　しかもその年の所得によっては青色申告特別控除並みに使わないともったいない制度なんですが、ふるさと納税を理解するためにはまず「寄付金控除」の制度について理解する必要があります。

　ただ、正直に申し上げますと、本当に「ふるさと納税」をやりたいだけだったら、今回の話は読み飛ばしても支障はありません。特に「ふるさと納税」は牛肉やら果物といった特産品がもらえるという特典がありますが、**寄付金控除という制度は基本的に税金対策にはなり得ない**んです。

　不吉な話ですが、昨今日本では大きな災害が頻発し、たとえば赤十字に寄付をするということは誰にでもあり得ます。この際2000円以下の少額では関係ないのですが、それ以上の寄付をすると、その金額の数10%分、所得税や住民税を安くすることができるので知識として本項を読むことは決して無駄にはならないと思います。

細かいことを言いだすと複雑ですが、一応3行でまとまります。

- 赤十字など、特定の団体への寄付金は、最大で寄付した額のほぼ50%分、所得税と住民税を安くできます。(注1)
- ただし寄付金で受けられる控除には上限があります。(詳しくは後述しますが、寄付金控除として認められるのは年間所得の40%まで。税額控除できるのは納めるべき所得税の25%まで)
- 寄付金はその性質上、退職金などとは違い、「税金対策」にはなり得ません。(たとえば10万円寄付して5万円の節税ができたとしても、残り5万円の穴は埋まらないわけです。ただ地方自治体に寄付する「ふるさと納税」の場合はまたちょっと別なんですが)

注1：正確には、(寄付した金額 − 2,000円)×50%で、特定震災指定寄付金とか、特定の団体への寄付金でなければ50%の節税にならないこともあります。

寄付金における「所得控除」について

さて、ここから先は詳細の話。
何度も書きますが、詳しく知らなくても「ふるさと納税」は利用できますので、読むのが嫌になったらどうぞ次へ飛んでください。

まず、寄付金控除は寄付した全額が控除対象にはなりません。正確には、

（寄付金合計額 － 2000円）＝ 控除額

つまり、**2000円分だけ手数料のように取られます**。寄付金の話になると、この2000円という数字がなぜか必ずついて回るので覚えておきましょう。要は街角で行われている募金のような小額の寄付の場合、控除対象にはならないということですね。

先ほどの式に当てはめると、**10万円寄付した場合9万8000円が控除額**となります。

注2：ほとんどの場合、❷のほうがオトクです。ただし、❷の税額控除は、特定の団体に寄付した場合にしか使えません。大きな震災が起こった際に、赤十字に寄付するなどは大体大丈夫です。

そのうえで控除効果を計算するには、

- **所得税に対する控除**
- **住民税に対する控除**

この2つを別に計算する必要があります。住民税に対する控除額を出すのは簡単なので、ひとまず所得税に限って話をしましょう。

所得控除とは？

というのも所得税は、次の2つの節税方法を選択できてしまうためです（注2）。

❶所得控除
❷税額控除

なぜこんなシステムになっているのかについては理由があります。簡単に言うと、

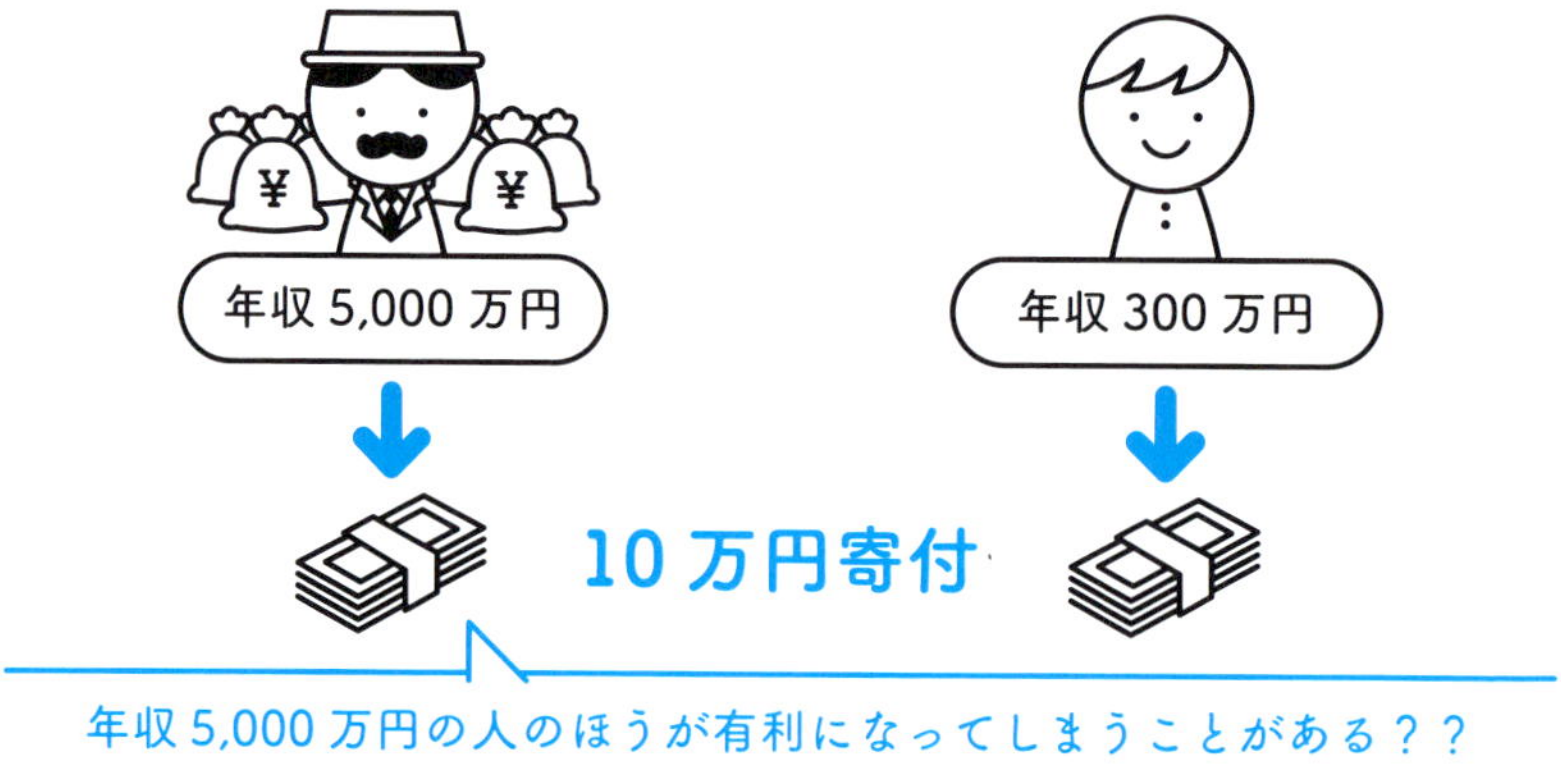

● 年収３００万円の人が10万円寄付した場合
● 年収５０００万円の人が10万円寄付した場合

このように「収入は違うけれど寄付した金額は同じ」というとき、年収５０００万円の人のほうが有利になってしまうのを防ぐためなんです。１つずつ見ていきましょう。

寄付金を「所得控除」として扱う場合

まず❶、寄付金を「所得控除」として扱う場合。これは退職金や基礎控除と一緒です。**「所得税の対象になる年収」を減らすことができ、結果的に納める所得税を減らすことができます**（国保については控除対象にはなりません）。

また、寄付金にできる金額には限度があり、年間所得金額の40％までとなっています。

まず寄付をしない場合で、

- **年収400万円**
- **経費と控除100万円**

という状況で考えてみましょう。

400万円から経費と控除の100万円を引くと、所得は300万円。

所得300万円の所得税

300万円×10%－9万7500円＝20万2500円

ここに、寄付金10万円を加えてみましょう。

寄付金による所得控除

寄付金10万円－2000円＝9万8000円

これを控除として年収から引けるわけですから、

400万円－（100万円＋9万8000円）＝290万2000円
290万2000円に対する所得税は、19万2700円

つまり、寄付金10万円による節税効果は、

20万2500円－19万2700円＝9800円

ようするに「寄付金10万円－2000円」に、**所得税率10％をかけた場合と同じ**ですね。

ただし、寄付金には限度額が設定されています。

年間所得金額の40％が上限なので、

300万円×40％＝120万円が限度額

となります。

寄付金控除の限度額

（年収400万円、経費・控除100万円の場合）

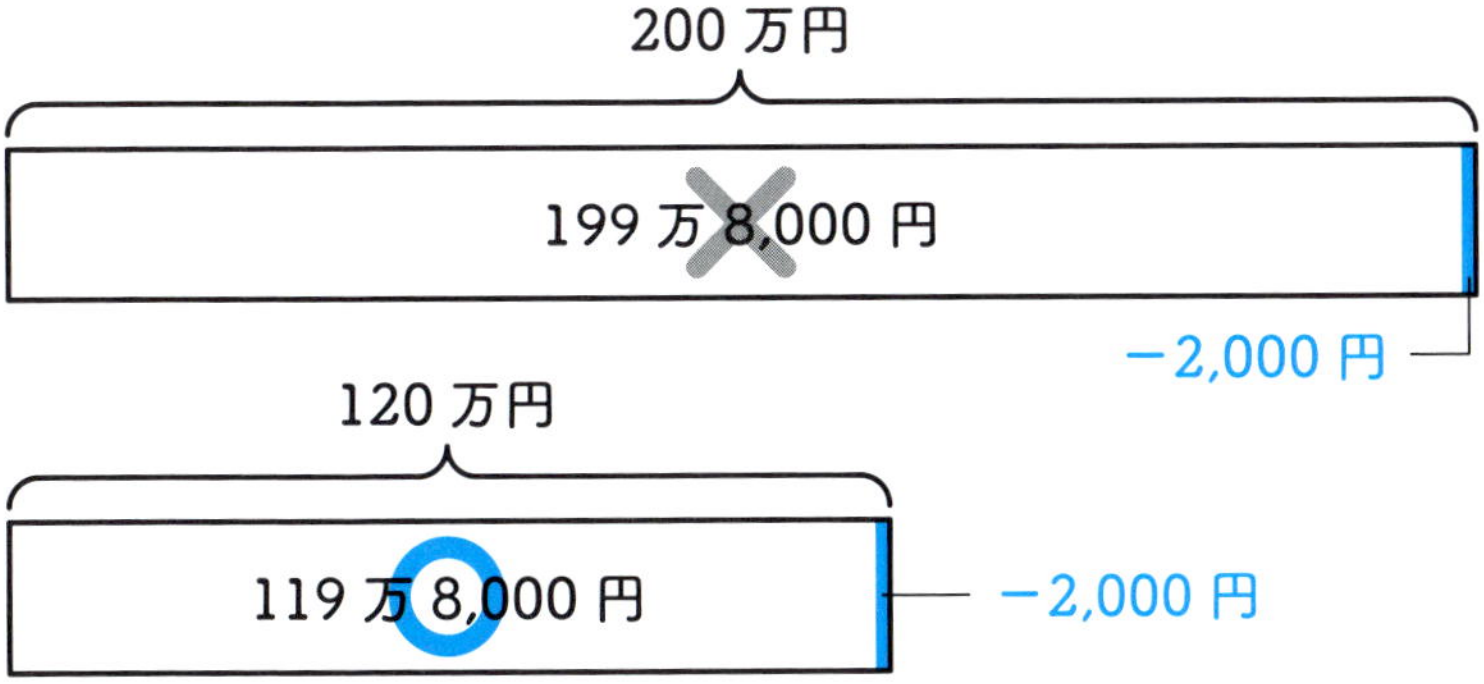

もちろん限度額を越えて寄付する分には自由ですが、**限度額を超えた分の控除は受けられません**。つまり年収400万円、経費・控除100万円の場合、たとえば200万円寄付したとしても、

200万円－2000円＝199万8000円

という控除は受けられません。限度額はあくまで120万円なので、

120万円－2000円＝119万8000円

の控除しか受けられないわけですね。義援金の桁は間違えないようにしましょう。

寄付金における「税額控除」について

ただ寄付金控除には、特定の団体への寄付金に限り、2つの制度から選べます。それが「❶所得控除」ではなく、「❷**税額控除**」の場合です。

実は本書で初めて登場する単語です。でもこれは効果の分かりづらい所得控除より理解は簡単です。

税額控除とは、**所得税などの税金から直接引くことのできる金額**です。文字通り、税金そのものを控除するわけです。所得税が10万円で税額控除が1万円だったら、「10万円－1万円＝9万円」が最終的な所得税になります。

寄付金を「税額控除」として扱う場合

とにかく例を挙げましょう。まず、控除額の計算式が変わります。「寄付金－2000円」というのは前回と一緒ですが、この値に40％をかけた数値が税額控除です。

（寄付金－2000円）×40％＝税額控除

例によって年収を400万円、寄付金を除いた経費・控除を100万円、寄付金額が10万円として考えてみましょう。

税額控除

（10万円－2000円）×40％＝3万9200円

所得税は20万2500円。そこから3万9200円を直接引くことができるわけですね。

ここで「所得控除」を選択した場合の節税効果を思い出してみましょう。

❶「所得控除」選択の場合、所得税率10％として節税効果は9800円

❷「税額控除」選択の場合、節税効果は3万9200円

つまり「❷税額控除」を選んだほうが圧倒的に得なわけですね。

なぜ2つから選べるようになったのか？

以前は「❶所得控除」の選択肢しかなかったそうです。しかし所得控除のみの場合、寄付金が同じ10万円だったとして、年収５０００万円の人と年収３００万円の人では節税効果に大きな差が出てしまうんですね。

年収5000万円なら単純に考えて所得税は40%。10万円寄付したとすると、(10万円－2000円)×40%＝3万9200円の節税効果。

年収300万円なら単純に考えて所得税は10%。10万円寄付したとすると、(10万円－2000円)×10%＝9800円の節税効果しかないわけです。

つまり、この格差解消のため、２つから選べるようになったわけですね。お気付きかもしれませんが、税額控除を選択した場合、所得税が40%だった場合と同じ数値が出るようになっています。

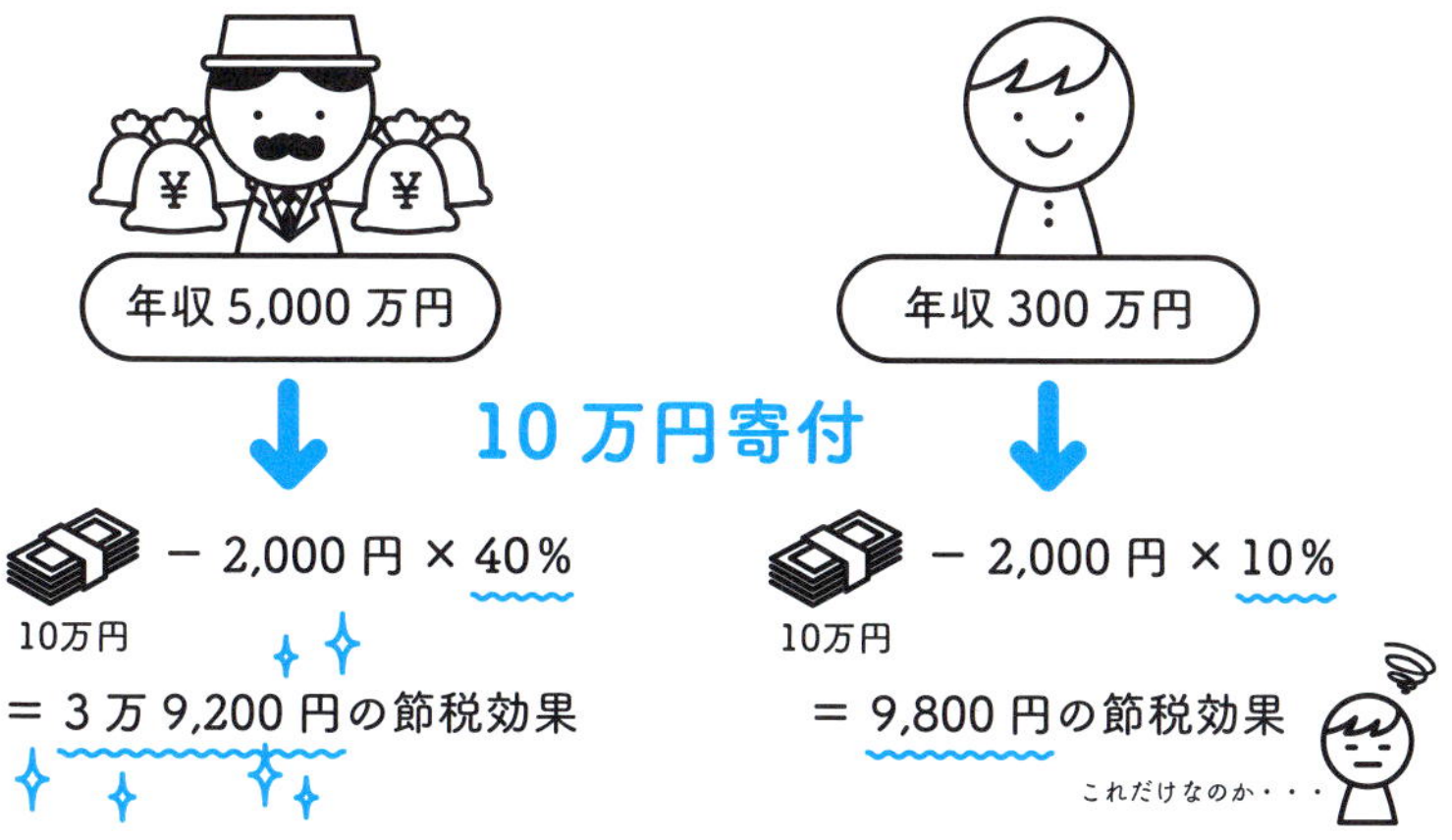

税額控除の限度額

ただし、税額控除にも限度はあります。

寄付できる金額は年間所得金額の40％まで
同様に「税額控除」は、その年の所得税額の25％まで

例によって年収を400万円、経費・控除を100万円として考えてみましょう。

年間所得
400万円－100万円＝300万円

つまりその40％、**300万×40％＝120万が寄付金の限度額**ですね。

ただし、所得300万円として、所得税は20万2500円です。そ

年収 400 万円、経費・控除 100 万円の場合の税額控除
「5 万 625 円」

〔寄付金 10 万円のとき〕

（10 万円 － 2,000 円）× 40% ＝ 3 万 9,200 円

〔寄付金 20 万円のとき〕

（20 万円 － 2,000 円）× 40% ＝ 7 万 9,200 円

の25%、つまり**５万６２５円が税額控除の上限**となります。

つまり、年収を４００万円、経費控除１００万円、寄付額10万円というさっきの例を持ち出すと、**税額控除は３万９２００円**のはずでした。これなら５万６２５円に収まっているので問題ありません。

ですが寄付金額が20万円になると、**税額控除は７万９２００円**。25%枠の５万６２５円をオーバーしてしまった分は使えません。

つまり税額控除できる金額は、あくまで**５万６２５円分まで**。

寄付金や義援金は、あくまで収入に見合った額にしましょう！

住民税における寄付金控除について

ところで。ここまでの寄付金控除は、あくまで所得税の話です。

実は「❶所得控除」「❷税額控除」どちらを選んでも、住民税の控除にも適用できます（注3）。

住民税はほぼ10％（正確には県に4％、市区町村に6％）

つまり、

（寄付金－2000円）×10％ は控除できると考えて問題ありません。

所得税の税額控除は、

（寄付金－2000円）×40％

ですから、ざっくり**寄付金の半分ぐらいの税金を安くできる**わけですね。

注3：ただし、いくらまで控除できるかは自治体により増減します。

とはいえ、国がわざわざ限度額を設定しているぐらいです。寄付金・義援金は、あくまで無理のない範囲で行うようにしましょう。

あくまでも税金対策にはならない

ところで冒頭のまとめでも書きましたが、**寄付金控除は結局、税金対策にはなりません**。

住民税・所得税の節税分は結局寄付金の半分程度にしかなりません。つまり10万円寄付したとしても、約5万円分しか税金が安くならないわけです。

金銭面だけを見れば5万円の損なわけですね。もちろん、赤十字などに10万円寄付されていることは間違いありませんが。ただ「寄付のついでに節税」みたいなことはできないわけですね。

ただし一つだけ例外があります。地方自治体に寄付した場合、「**特例控除**」というものがつき、お金にこそなりませんが**自己負担2000円で全国の特産物をもらえたりする**んです。

それが前述した、「ふるさと納税」です。大変オトクな制度ですので是非次回のお話はご覧ください。

注１：ただし、どれだけもらえるかは所得に依存します。

ふるさと納税２０００円でＡ５和牛を買う方法

毎度、うさん臭いタイトルで恐縮です。ですが今回は本当に看板に偽りなし。本当にＡ５和牛が２０００円で買えるような制度が日本にはあるんです。

寄付金制度について解説しましたが、これに関連して「ふるさと納税」という制度があります。最近はニュースにもなったりするので聞いたことはあると思います。

まず最初に申し上げておきたいのですが、もしこれを読んでいるのが12月で、今年の収入（正確には所得）がそれなりにあり、そしてまだ「ふるさと納税」のことを知らないようでしたら、どんなに面倒でも続きを読んで頂いたほうがいいと思います。かなりの損をする可能性がありますので！

ではふるさと納税とは一体どんなものか。

幸い、ものすごい極端な（それでいて大体合っている）話をすれば一行でまとまります。

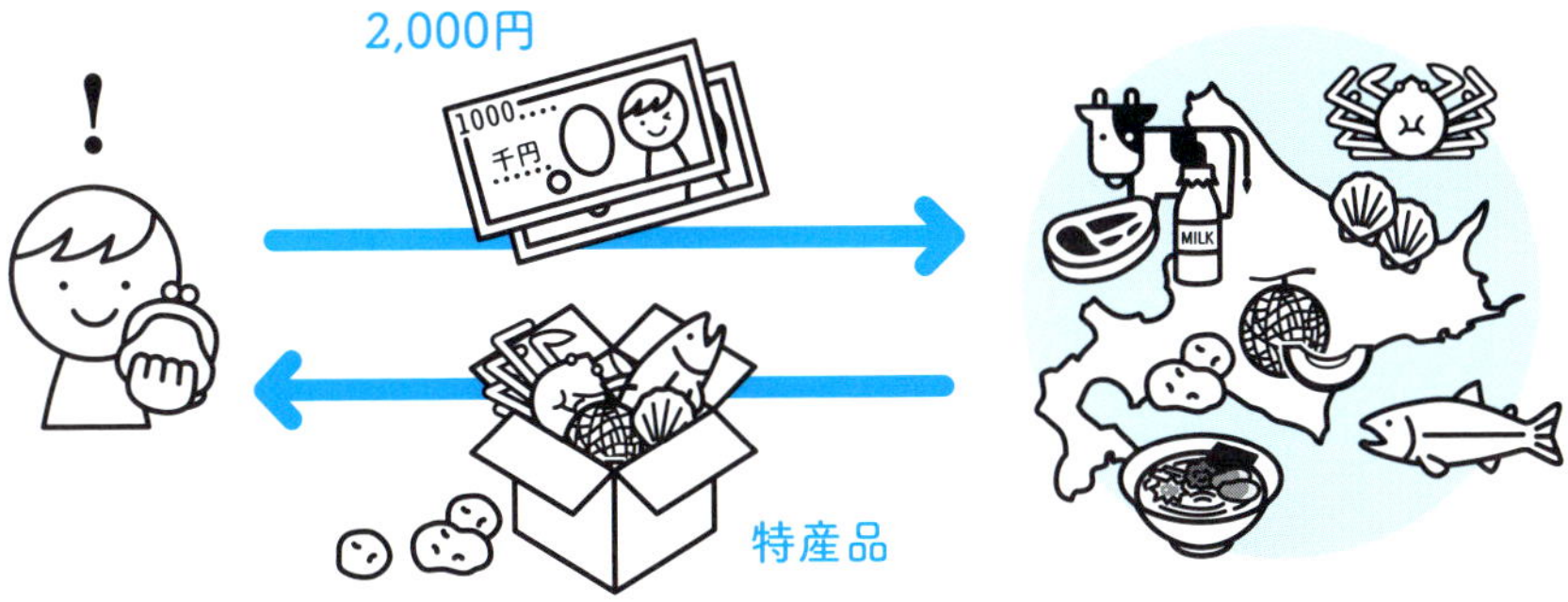

自己負担額2000円で全国の特産品をもらえる制度（注1）

制度としてはずいぶん前からあるにはあったんですが、ここ最近はクレジットカードでウェブサイト上から簡単に決済できるようになったりするなど、利便性が格段に向上したことからより多くの人が使うようになりました。

もう少し詳しく解説すると、**日本全国の自治体に寄付することで、ほぼ寄付金と同額の税金を控除したうえ、お礼としてその自治体の特産物をもらうことができるという制度**です。

イメージとしては、**今住んでいる場所に納めている住民税の一部を、ほかの自治体へ納めることで、お礼として特産物を送ってもらうようなもの**だと思ってください。

この「自治体への寄付」というのがポイントです。

すごい極端な話、赤十字への寄付なら寄付金に。自治体への寄付なら「ふるさと納税」になると考えて構わないらしいです（いずれにせよ確定申告での処理は必要にはなりますが）。

ふるさと納税の節税効果
～お好みの特産品を2000円でゲット！～

具体的な例を出しましょう。

年収300万円、経費・控除が100万円として、新宿区に在住していたとします。住民税を10％として、本来なら新宿区に払う住民税は

（300万円－100万円）×10％＝20万円

そこで5万円を、たとえば熊本県に「ふるさと納税」したとします。すると、負担する金額は当然こうなります。

新宿区への住民税20万円＋熊本県への寄付金5万円＝25万円

この時点では、5万円余計に払っているわけですね。

注2：より正確に書くと、新宿区への住民税15万2,000円＋寄付金5万円＝20万2,000円

年収300万円、経費・控除100万円、新宿区在住の場合

通常の住民税

(300万円−100万円) × 10%

= 20万円

ふるさと納税

住民税20万円＋寄付金5万円

= 25万円

確定申告 ↓ すると・・・

住民税15万2,000円＋寄付金5万円

＋特産品 

重要なのはここからです。まず**5万円を熊本県に寄付したお礼として、5万円という額に応じた特産品を熊本県からもらう**ことができます。

さらに寄付した金額5万円のうち、4万8000円は様々な形で控除されるため、実際に負担する額はたった2000円で済むんです。

新宿区への住民税20万円＋熊本県への寄付金5万円＝25万円

この25万円の自己負担額が、確定申告して控除を受けることで

(住民税20万円－4万8000円)＋寄付金5万円

つまり**自己負担額は20万2000円となり、さらに熊本県からお礼の品をもらえる**わけです(注2)。ややこしいんですが、結果的にあなたの**負担額は2000円増えるだけ**です。

そう、ここが最大のポイントです。なのでもう一度言いましょう。

注３：負担額2,000円で済むなら、５万円じゃなくて10万円とか20万円とか寄付したほうがいいんじゃない？　と考えた方もいると思いますが、残念ながらそこは上限が設定されています。

結果的にあなたは熊本県の特産物をもらえたうえに、負担額は２０００円増えるだけです！（注３）

実際にどんなお礼の品がもらえるのか、熊本県の例を抜粋してみました。

- **くまもとの馬刺し**
- **くまもと黒毛和牛**
- **くまもとの赤牛**
- **くまもとの海産物**
- **くまもとのラーメンセット**

５万円寄付した場合、この５つがすべてお礼としてもらえます（馬刺しだけ５セットもらうという形でもＯＫ）。しかも何度も言いますが、あなたの負担額はあくまで２０００円ポッキリ！

熊本県を例に出しましたが、もちろんほかにもお礼のもらえる自治体はたくさんあります。こればかりは時期によって内容が異なるので、あなたがふるさと納税をやってみたくなったら、インターネットで「ふるさと納税」というキーワードで検索してみてください。

するといくつか有名どころのサイトがすぐに出てきます。とりあえずどれでもいいので開いてみましょう。メニューがたくさん出てくると思いますが、どのサイトであっても全国各地の牛肉やら果物やら、各地のおいしそうな特産品がズラッと並んでいるはずです。

どれも2万円とか5万円とか結構な値段が記されていることと思います。これは別に**販売価格ではなく、寄付金の額**です。たとえば5万円寄付すれば、合計5万円分までの特産品をもらうことができます（1万円×5個でもOKです）。

ただし！ 前述しましたが、**どの商品をどれぐらい自己負担2000円で買えるかは、あなたの年収から経費・控除を引いた「課税される所得金額」に依存します**。

「自己負担額2000円で済むふるさと納税限度額」を知ろう

具体的に書きましょう。年収300万円、経費・控除が100万円という状況だったとします。結論から言えば、この場合は**寄付額5万円ぐらいまでであれば、2000円の自己負担**で済みます。

ですが、もし5万円を超えた寄付をしてしまうと、2000円以上の自己負担が発生する場合があるんです。こうなるとまったくおいしくありません。

ここでふるさと納税においてもっとも重要なポイントが出てきます。すなわち、**「自己負担額2000円で済むふるさと納税限度額」を知ること。**

ではこの限度額はどうやって算出すればいいのでしょう？

おそらく一番簡単なのが、用意されたシミュレーターを使うことです。「ふるさと納税」のサイトへいくと、必ず「シミュレーション」ページがあるはずです。そこへあなたの年収・控除などを入力しましょう。すると、「ざっくりいくらまでの寄付をしたら自己負担2000円で済むか」というのを教えてくれるはずです。

もちろん、一応ざっくりとした計算式があるにはあります。

負担額2000円で済むふるさと納税限度額

＝（課税所得×2％）÷（90％－所得税率）＋2000円

これはこれでちょっと複雑ですね。所得税の最低税率を5％とすれば、もう少し短縮できます。

課税所得×2・3%＋2000円

課税所得というのは「年収から経費・控除を引いた額」です。

つまり、ふるさと納税の限度額を出すもっとも簡単な計算方法は、**あなたの課税所得×2・3%**ということになります。

ただやっぱり実際には復興税があったり、ローンがあったりで差異が生じますので、正確な額を出すならシミュレーターを使うほうがいいと思います……。

ふるさと納税のポイント
～「利用時期」と「寄付金受領証明書」に注意！～

余談ながら、これまでに本書で解説してきた数々の税金対策を実行していると、課税所得が減るので、必然的にふるさと納税に使える金額は少なくなってしまいます。残念ですがその点だけは諦めましょう。

仮に年収300万円、経費控除が100万円という状況だったとします。

（300万円－100万円）×2％÷（90％－10％）＋2000円
＝5万2000円

つまり、**寄付額5万2000円までの商品が2000円の負担でもらえます**。

では、極端に増やして年収1億円・経費控除が0円という状況だったとします。

1億円×2％÷（90％－40％）＝400万円

つまり寄付額5万円でもらえる牛肉を80セットもらっても、負担分は2000円で済むことになります！

⚠ ふるさと納税制度を利用する時期について

さて、これで「ふるさと納税に使える上限額」は分かりますが、まだもう2つ覚えておいたほうがいいことがあります。ひとつめは**ふるさと納税制度を利用する時期**です。

❶ ふるさと納税を利用する時期を把握する

ふるさと納税というのは、年内に行わなければなりません。たとえば今が2018年として、今年の年収が300万円・経費＋控除が100万円あったとしましょう。**ふるさと納税で5万2000円までの商品がもらえるのは2018年12月31日まで**です。

これがあるややこしさを呼んでいます。

なぜなら**2018年の年収・経費・控除なんて2018年が終わらないと分からないのに、2018年中にふるさと納税しないといけない**からです！

そのうえ、みんながみんな2018年12月になったら慌ててふるさと納税するわけです。するとなにが起こるでしょう？　人気商品の品切れです。みんなが好きそうな牛肉セットなんて、半年待ちがザラということもありました。

こればかりは現状どうしようもありません。「今年の年収がどれぐらいになりそうか」を早めにかつ「少なめに」計算して、ほかの人より早くふるさと納税してしまうしかないでしょう。

しかしそこは不安定が代名詞のフリーランス。予定していた収入が得られないこともあるので、年収を予測する際には十分気をつけましょう。

❷「寄付金受領証明書」の受け取りを忘れずに！

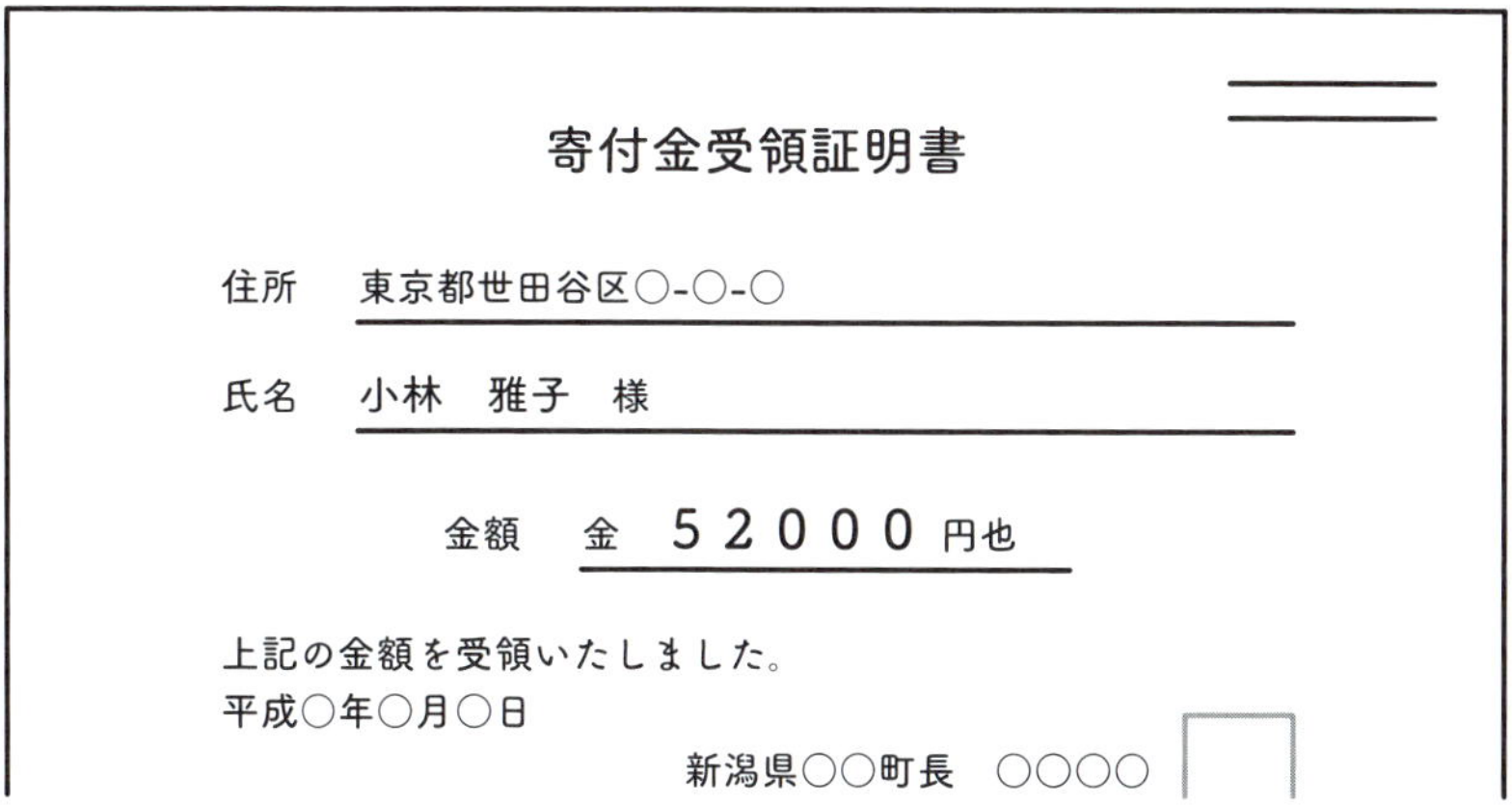

寄付金受領証明書

住所　東京都世田谷区○-○-○

氏名　小林　雅子　様

金額　金　52000円也

上記の金額を受領いたしました。
平成○年○月○日

新潟県○○町長　○○○○

そして最後にふるさと納税利用にあたり、もう一つ重要な点があります。

自治体に寄付した際にもらえる、領収書こと「寄付金受領証明書」の受け取りを忘れずに！　この証明書の提出と確定申告の処理があって、初めて「自己負担２０００円で特産品もらい放題」状態となるわけですから。

特に受領証の保管場所には気をつけましょう。なにせ自治体ごとに「寄付金受領証明書」の形式は違っているので、数カ月も経つとどういった書類が受領証だったかなんてまず思い出せません。保管した場所は忘れないように、そして受領証だとすぐ分かるようにしておきましょう！（体験談）

また人気自治体の場合は「寄付金受領証明書」の到着が遅れる場合もありますし、手違いで届かないケースもあります。

もちろん届かない場合、自治体に請求すればすぐ送ってくれるのですが、請求する時期そのものが遅いと、確定申告の締め切りである3月15日に間に合わないという場合もあり得ます。しっかり管理しましょう。

というわけで。

- **ふるさと納税が自己負担2000円で済む上限金額を知る**
- **ふるさと納税で寄付する時期を把握する**
- **「寄付金受領証明書」を忘れずに受領し確定申告する**

この3つをしっかり守れれば、ふるさと納税は大変楽しい制度となること請け合いです。年収が極端に少ない年、経費が極端に多い年は寄付できる上限金額が大きく減りはしますが、ほとんどの場合でやらないと損なので、ぜひふるさと納税サイトだけでも見に行ってみてください。

第8章

年収が上がったときに役立つ【平均課税】

知らないだけで非常に損する可能性の高い制度「平均課税」

今回は、フリーランスとして起業した人はもちろんとして、まだしていない人にとっても覚えておくと非常に有効な話です。しかも効果のほどは、あの青色申告特別控除も真っ青なほど！（青色だけに！）

それが「**平均課税**」という制度です。
これはもうは節税制度のラスボスともいえる、非常に効果の高い制度です。

ただし！　信じられないほど計算が厄介なため、今すぐその制度の内容すべてについて把握する必要はありません。

ただ、ざっくり概要だけでも――特にどのような状況下で大きな効果を発揮するかだけでも知っておくと、のちのちきっとあなたのためになるはずです。
つけ加えると、もし平均課税の適用が必要な状況になるとしたら、それなりの収入もあるはずですので税理士さんに相談するほうがいいです。

平均課税のいいところは、**制度を適用したいときに適用すればいい**ということで

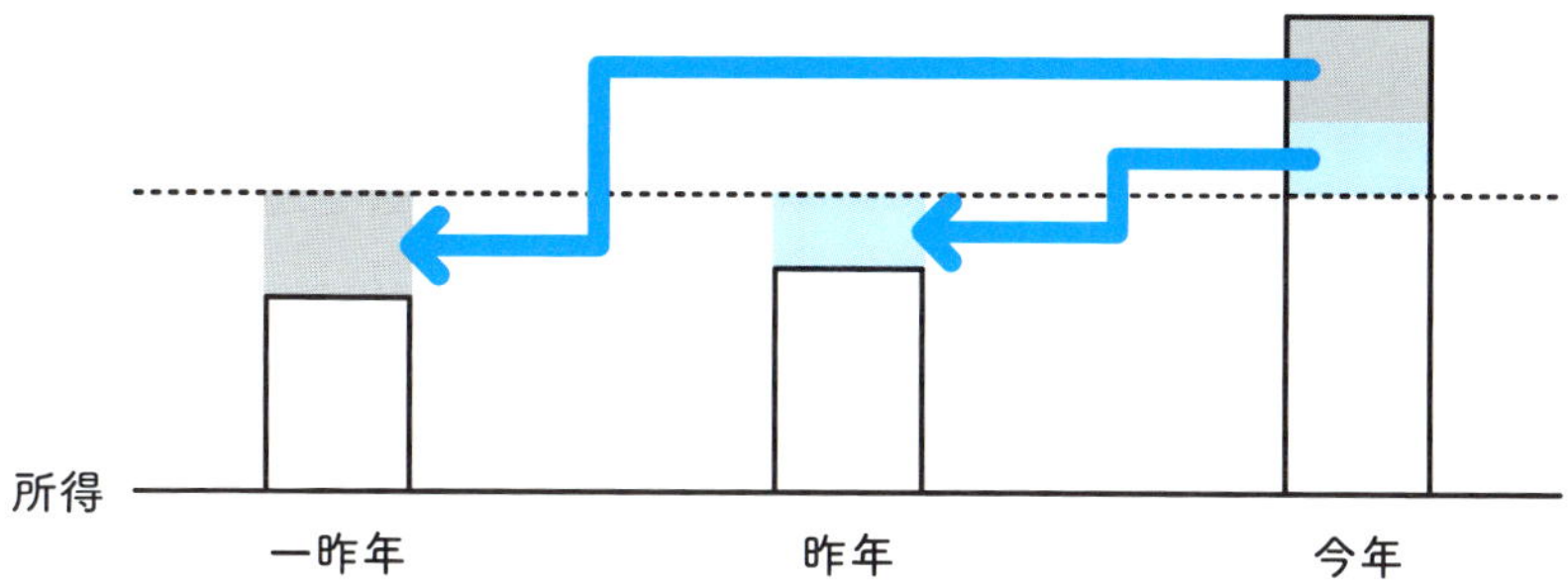

す。平均課税が使えない年・効果が大して見込めない年は使わなければいいだけなんです。

平均課税について
～知っておきたい、適用条件と「変動所得」～

というわけでざっくり解説を始めましょう。

平均課税とは、**今年の所得を一昨年・去年分の所得で平均化し、結果的に支払う所得税を安くすることができる**というものです（住民税、国保は安くなりません）。

3年分の所得の平均、だから平均課税。簡単ですね。たとえば一昨年・去年・今年の年収がそれぞれ150万円・200万円・550万円・基礎控除を38万円として、所得税がいくらになるかを計算してみましょう（所得税は平成30年の式で計算）。

例1　今年だけ収入が増えた場合（経費を50万円として）

一昨年	年収150万円	所得100万円	所得税 3万1000円
去年	年収200万円	所得150万円	所得税 5万6000円
今年	年収550万円	所得500万円	所得税 49万6500円
合計	900万円	750万円	58万3500円

例）今年だけ収入が増えた場合（経費 50 万円、控除 38 万円）

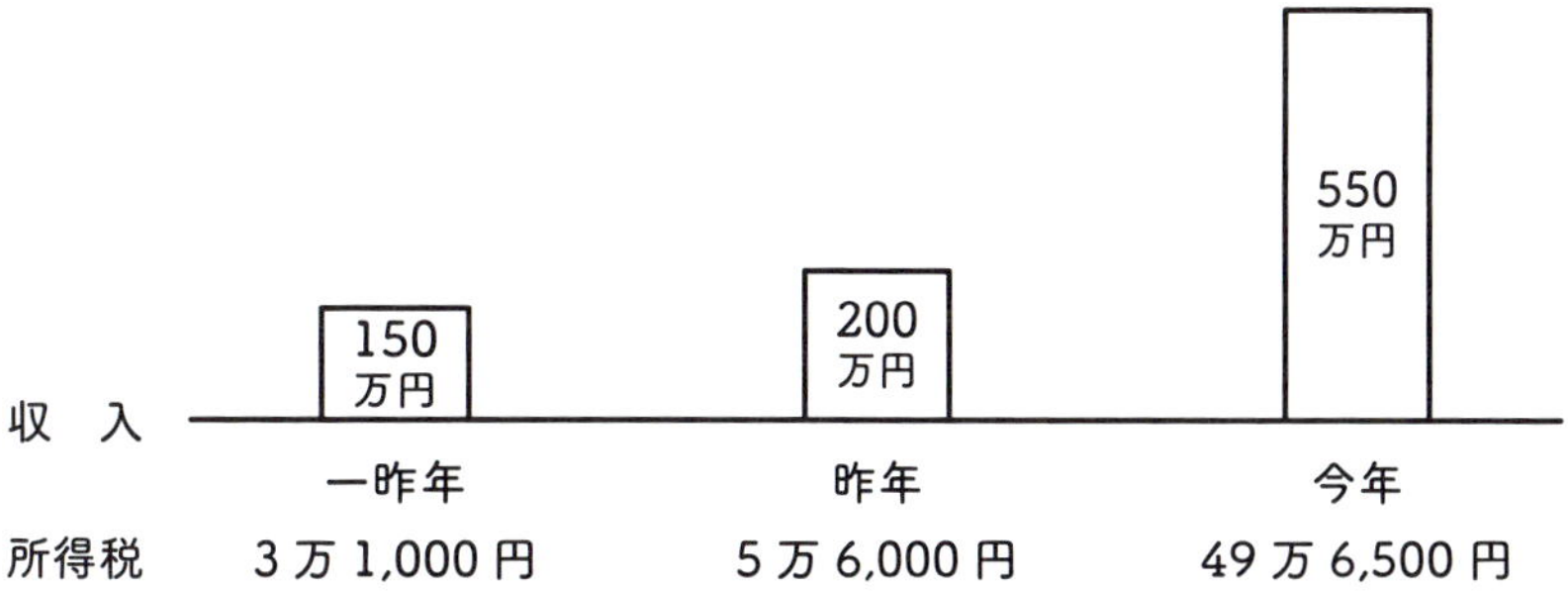

3 年分の所得税合計　58 万 3,500 円

当然ながら、所得500万円だった今年支払う所得税は突出しています。ですが、もしこの500万円という所得を、一昨年・去年の額と平均化することができれば、所得税がかなり安くなるということはお察しいただけると思います。

詳しい解説は後回しにして結論から書きましょう。

この例で平均課税を適用した場合、**所得500万円の所得税49万6500円が、23万1000円**になります。実に25万円の節税効果！　青色申告特別控除も真っ青です！　青色だけに！

ただし――何度も言いますが、適用条件や計算が非常に厄介です。その計算は、どんなベテランの税理士さんでも暗算できないと言われるほどだとか。

平均課税の適用条件

というわけでまずは「平均課税」が適用可能な条件について。条件はたった一つしかありませんが、大変面倒です。
すなわち、**総所得の2割以上が変動所得であること**（注1）です。

変動所得とは？

簡単にいえば漁師や小説家など、**いかにも年収が毎年上下しそうな職業で得られる収入**が、大体変動所得になります。こう書くとフリーランスでしたら大体当てはまるのでは――と思えるのですが、実際は非常に厳密に定められています。少なくとも平成30年度の時点では、次に挙げたものしかダメです。

❶漁獲またはのりの採取から生ずる所得
❷はまち、まだい、ひらめ、かき、うなぎ、ほたて貝または真珠（真珠貝を含む。）の養殖から生ずる所得
❸原稿または作曲の報酬に係る所得
❹著作権の使用料に係る所得

つまりフリーランスであっても、**平均課税が適用できるのは漁師や作曲家、小説家など著**

注1：変動所得だけではなく臨時所得でもＯＫなのですが、臨時所得は不動産とか船舶貸与の権利金とか、プロ野球選手の契約金といった類のものになります。フリーランス全般向けではないのでここでは触れません。

変動所得にあてはまる所得

①漁獲または
のりの採取から
生ずる所得

②はまち、まだい、
ひらめ、かき、うなぎ、
ほたて貝または真珠
（真珠貝を含む。）の
養殖から生ずる所得

③原稿または
作曲の報酬に
係る所得

作権の生じる所得を得ている人に限られるわけです。ちなみに「のりの採取」はOKでも「こんぶ、わかめ、てんぐさ等の水産植物の採取」はダメ、と記されているほど厳しいです。

作家・漫画家なら大体の場合、❸及び❹に該当するので大丈夫です。

問題はイラストレーターやブロガーですね……。残念ながら、現時点ではアフィリエイト収入などは変動所得になりそうもありません。また著作権の発生しない買い切りのお仕事なども、該当しない場合があります。こうなると業務の内容ではなく、契約の内容次第ということになります。

なお、変動所得に該当する仕事さえしていれば、「変動所得がその年の総所得の20%以上であること」という条件については簡単に満たせると思います。収入はほとんどが変動所得になるわけですから。

平均課税を使うべき理由
～年収がドンと増えたら適用のチャンス！～

まず前提として、所得税は年収が高いほど税金が高くなります。たとえば、冒頭で挙げた例を再掲します。

例1　今年だけ収入が増えた場合（経費を50万円として）

一昨年	年収150万円	所得100万円	所得税　3万1000円
去年	年収200万円	所得150万円	所得税　5万6000円
今年	年収550万円	所得500万円	所得税　49万6500円
合計	900万円	750万円	58万3500円

今年の年収が一番高いので、当然そこだけ所得税が跳ね上がっています。

そこで今度は、3年連続で年収が300万円だった場合を見てみましょう。当たり前ですが3年間で得られる合計収入は同じ900万円のはずですが……。

例2 3年間収入が同じだった場合（経費を50万円として）

一昨年	年収300万円	所得250万円	所得税 11万4500円
去年	年収300万円	所得250万円	所得税 11万4500円
今年	年収300万円	所得250万円	所得税 11万4500円
合計	900万円	750万円	34万3500円

お分かりいただけるでしょうか。3年間同じ収入の例2より、**1年だけ極端に年収が上がった例1のほうが、支払う所得税は24万円も高い**のです。これは不公平ですし、なにより大変困ります。たとえば我々フリーランスの場合、年収が多い年に貯金して、その後に備えなければならないわけですし。

おまけに例1の場合、年収550万円あった翌年には、非常に高くなった住民税・国保を支払う必要もあるわけです。これでは貯金どころではありません。

さすがにこれでは不平等だということで国が用意してくれたのが、「平均課税」というわけ

〔平成30年の所得税率一覧〕

課税される所得金額	税率	控除額
195万円以下	5%	0
195万円を超え　330万円以下	10%	97,500円
330万円を超え　695万円以下	20%	427,500円
695万円を超え　900万円以下	23%	636,000円
900万円を超え　1,800万円以下	33%	1,536,000円
1,800万円を超え　4,000万円以下	40%	2,796,000円
4,000万円超	45%	4,796,000円

※分かりやすさ優先のため、復興税は除外して解説しています。

ですね。それはそれで「もう少し平均課税が適用できる職種を増やして欲しい」とか「知ってる知らないの差が大きすぎる」といった苦情も口にしたくなりますが……。

平均課税の計算式

では正直触れたくないのですが、平均課税による節税効果の計算式について解説しましょう。何度も言いますが正直ややこしいです。恐らく本書の中でも一番ややこしい計算です……！

もし面倒になったら読み飛ばしてください。計算方法なんて必要になってから知ればいいわけですし。

まず初めに、一点思い出してほしいことがあります。

- **年収から経費を引いたものが「所得」**
- **所得から控除を引いたものが「課税される所得金額」ないし「課税所得」**

つまり**年収から経費・控除を引いた額が所得税の対象金額**となるわけですね。この概念を覚えておかないと平均課税は計算できないんです……。

続いて前頁上にこちらを再掲しておきます。平成30年の所得税率一覧です。この表の通り、所得税は「課税される所得金額」に応じて5％、10％、20％とパーセンテージが増えていきます。

そのため前述の **例1** のように、所得が「100万円、150万円、500万円」と3年目だけ突出すると、控除が基礎控除しかなかった場合その年だけ税率は20％にもなり、所得税がかなり上がってしまうわけですね。

だからこそ、**3年目に突出した所得を過去2年分と平均化することで下げられれば、かなり所得税を低く抑えることができる**わけです。

計算してみよう

では実際に平均課税制度を計算してみましょう。先ほどの**例1**をそのまま使います。

例1　今年だけ収入が増えた場合（経費50万円、控除38万円として）

一昨年	年収150万円	所得100万円	所得税　3万1000円
去年	年収200万円	所得150万円	所得税　5万6000円
今年	年収550万円	所得500万円	所得税　49万6500円
合計	900万円	750万円	58万3500円

この条件で平均課税制度を利用したとします。

そのためには、まず去年と一昨年の所得の平均を出します。つまり足して2で割るわけです。

「一昨年の所得100万円」＋「去年の所得150万円」÷2＝125万円

注2：実はここで❶と❷のどちらが大きいかで以下の計算式が変わったりします。でも今回は平均課税の概要をざっくり知ってもらうのが目的なので割愛させてください。

次に今年の所得500万円から、さきほど出した平均値を引きます。

500万円－125万円＝375万円 ❶

続いて、今年の所得から課税所得を出します。つまり控除を引くわけですね（注2）。

課税所得

500万円－38万円＝462万円 ❷

で、こういう計算をします。

今年の所得　基礎控除

（500万円－38万円）－375万円×4÷5＝162万円

なんで「×4」とか「÷5」が出てきてるのかとか聞かないでください……。いや多分理由はあるとは思うんですが、とにかくこういう計算をするんです。しろって言われるんです。

ここで出てきた162万円という数値を元に、所得税率を調べます。前述の所得税率一覧から、162万円の場合の所得税率は5％（所得控除は気にしないでいいです）。

すると、❷の462万円から162万円を引いた残りの**300万円についての所得税率が5％**になるんです。

つまり今年の課税所得462万円について、300万円分が税率5％。162万円分について税率5％。

300万円×5％＋162万円×5％＝23万1000円

という計算になるわけですね。

なお、繰り返しますが**平均課税は所得税にしか適用できません**。所得税はかなり安くなっても、住民税・国保の請求は高いままなので気をつけましょう。

いかがでしたでしょうか？

とにかくなにか平均化っぽいことをやっていて、なんやかんやで今年の所得税が安くなってることだけはお分かり頂けるんじゃないかと思います。

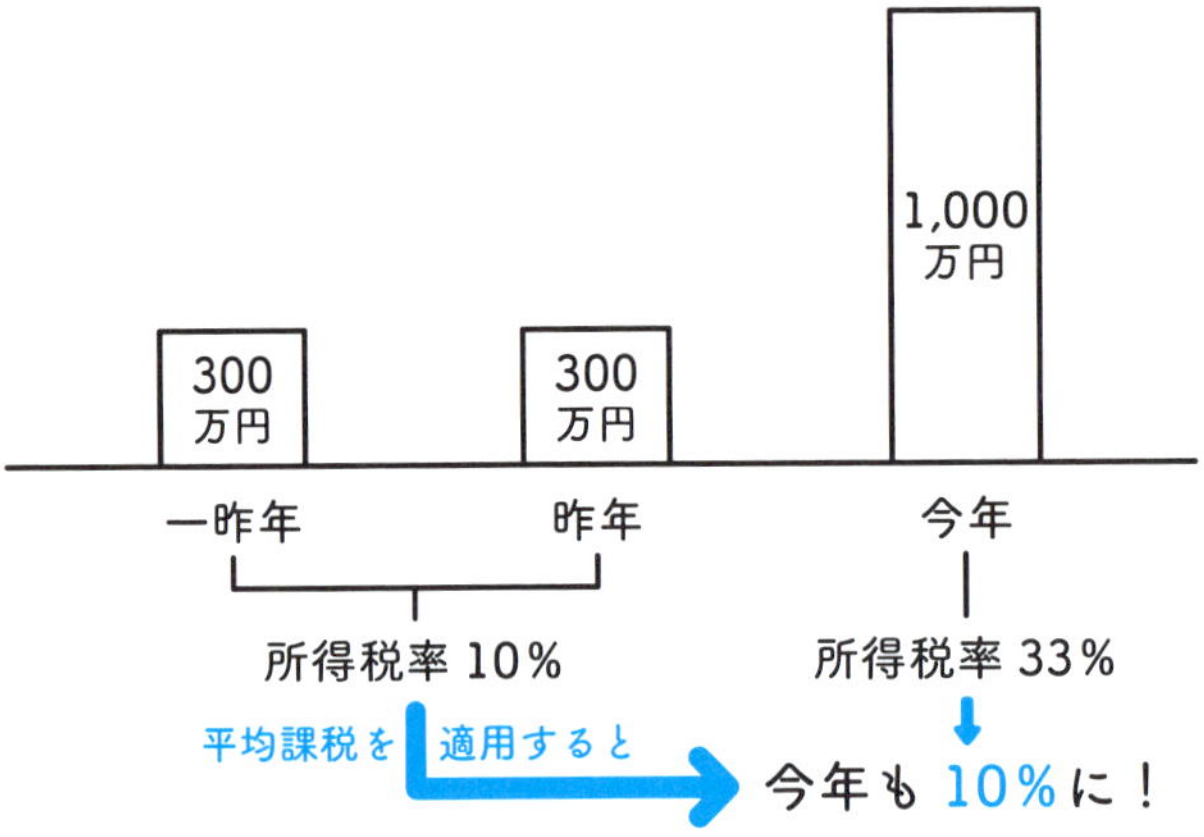

平均課税のしくみ
～年収上昇に伴って上がってしまう所得税を抑える～

できる限り簡潔にまとめると、「**今年の500万円という所得に本来かかる所得税率20%を、一昨年・去年の所得の平均値から割り出した所得税5%にできる**」みたいなイメージです。

一昨年・去年・今年の課税所得が300万円・300万円・1000万円だったとしましょう。300万円の所得税率は10%。1000万円なら33%です。

ここで平均課税を適用すると、課税所得1000万円にかかる税率が、本来なら33%のところが10%になるようなものと考えればいいと思います。

ちなみに、こういう計算の関係上、3年間の所得、厳密に言えば「所得税率」が同じだった場合、平均課税を適用する意味はなくなるそうです。つまり、前述の**例2**のような場合ですね。

例2　3年間収入が同じだった場合（経費50万円、控除38万円として）

一昨年	年収300万円	所得250万円	所得税　11万4500円
去年	年収300万円	所得250万円	所得税　11万4500円
今年	年収300万円	所得250万円	所得税　11万4500円
合計	900万円	750万円	34万3500円

また、3年間の所得に大きな増減があったとしても、常に所得税率が最大ランクになるような場合も、適用は意味がありません。

つまり、次のような場合です。

例3　3年間、収入が極端に高かった場合

一昨年	所得5000万円	所得税率　45％	所得税　1970万4000円
去年	所得6000万円	所得税率　45％	所得税　2220万4000円
今年	所得1億円	所得税率　45％	所得税　4020万4000円

見てのとおり、この場合も所得には大きなバラつきがあります。いかにも平均化したら節税できそうな感じです。

ですがいずれの年も、所得税が最大の45%。この状態で平均課税を適用しても、税率は結局45%なので効果がないそうです。

起業1年目に効いてくる、平均課税の裏ワザ

ちなみに。平均課税については実はものすごい有効な使い方があります。

平均課税は、一昨年・去年の変動所得の平均値が重要になってくる。

これを見てあることに気づきませんか？　**フリーランス起業1年目に莫大な効果が発生する可能性がある**ということです。

考えてもみてください、フリーランスとして起業した1年目は、当然ながら一昨年・去年の変動所得はゼロです。するとどうなるか。一昨年・去年の平均値はゼロですから、起業1年目の収入がそれなりの額になったとしても、所得税は5%で済む可能性があるわけですね。

デビュー1年目の平均課税を適用すると・・・

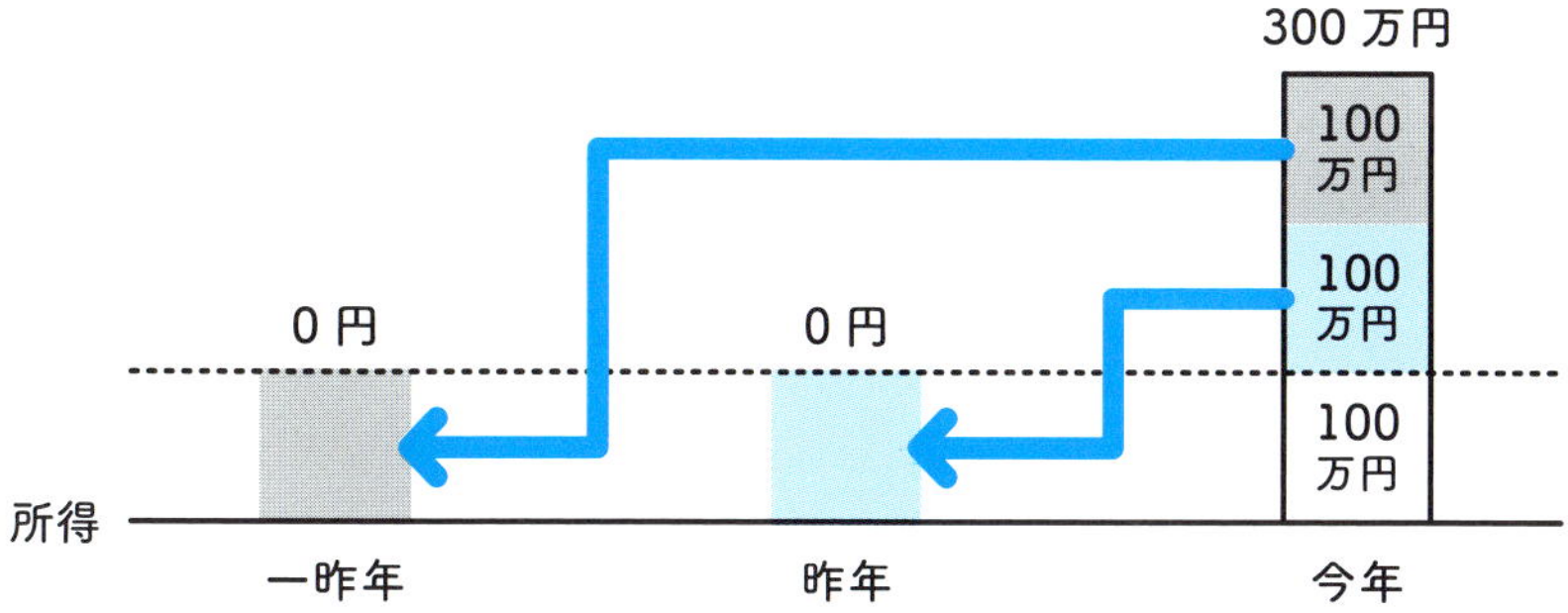

➡ 100万円分の所得税でいいので、5%で済むことも！

というわけで、以上が平均課税のざっくりなしくみです。

前にも書きましたが、フリーランスは年収が大きく増減するのが特徴です。つまり減ることもあれば増えることも珍しくありません。

年収が極端に増えた年――というか「所得税率」が極端に上がった年があった場合、退職金の積立額の増加だけではなく、この平均課税も忘れずに利用しましょう。状況によってはこれだけで50万円ぐらい簡単に節税できることもあります。

もちろん面倒なので、もう年収が極端に増える年があったら、その年だけでも税理士さんにお願いするといったことを検討したほうがいいと思います。ふるさと納税とか、ほかの制度と組み合わせると、もっと複雑になりますしね……。

第9章

未来の自分と家族のために
【任意保険と保険料控除】

自己責任度１００％でも知っておいて損はない任意保険の話

ポイントは保険の種類と「保険料控除」

さて、知っておいても損はない制度の話、いよいよ大詰めとなってまいりました。もちろん家族や収入など、個人の環境次第で受けられる制度はまだたくさんあります。たとえばすっかり有名になった生活保護だってその一つでしょう。

ただ万人向けのとっても知っておいて損はない制度といえば、もう残るは一つ、「保険料控除」の話ぐらいです。

ただし、今回は少し特殊な話になります。

たとえば、今までに解説してきた数々の制度は、年収が低い場合の文美への切り替えなどを別にすればそれほどリスクがあるものではありません。

ですが今回は違います。自己責任度１００％。性質上、なにがあっても私は責任は取れません。ただ一方で、そう無闇に怖がる必要もありませんし、偏見を持つ必要もありません。使いようによっては間違いなく役に立つ話です。

それが個人が任意で加入する、生命保険や医療保険などの「任意保険」の話です。

任意保険について
～生命保険の「積み立て式」と「掛け捨て式」の違い～

「帳簿をしっかりつけて、収入と支出を正しく申告して、将来に備えての積立をしているなら、税金とかいろいろ安くしてあげるよ」

本書では、それが日本のシステムだと何度か触れてきました。５章で紹介した「退職金制度」などがその一つですが、当然ながら**「将来に備える」ための制度は、退職金だけではありません**。

ほかの手段として、もっとも身近なのが**任意保険**です。「将来への備え」という意味なら、退職金よりこっちのほうが思い浮かべやすいかもしれませんね。日本では、**支払う保険料の一部を控除として計上することができる**んです。

ただ、もしあなたが10代や20代なら、この時点で興味を失うかもしれません。私もそうでしたが、20代で保険の必要性なんてなかなか感じる機会がありません。医療保険ぐらいは入っている人もいると思いますが、20代で独身なら、生命保険に入ろうなんて考える人はまず

養老保険

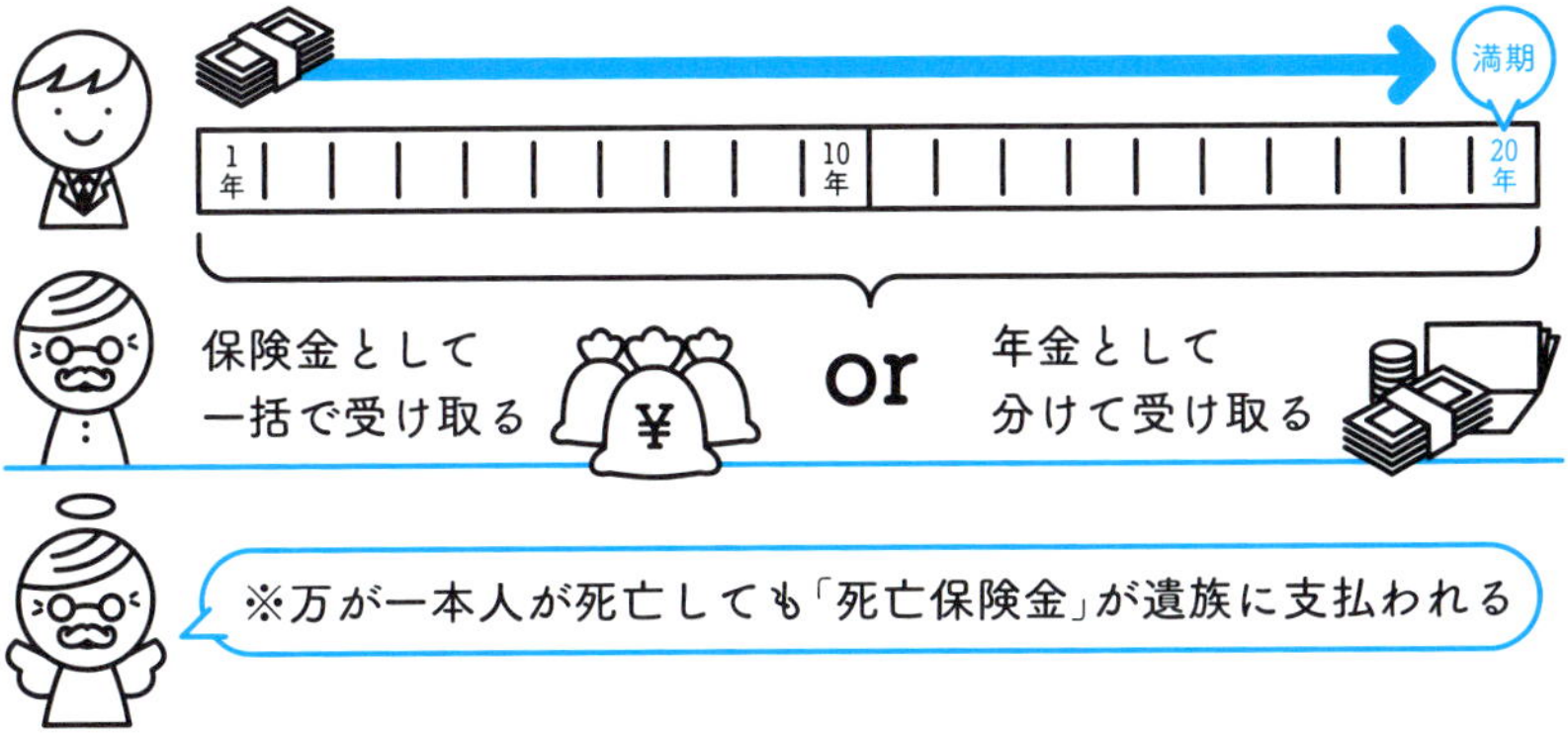
満期
1年
10年
20年
保険金として一括で受け取る
¥
or
年金として分けて受け取る
※万が一本人が死亡しても「死亡保険金」が遺族に支払われる

いないでしょう。

ですが、保険というのはたくさんの種類があります。ここは一番声を大にして言いたいところですが、**万が一の状況に備えるだけが保険ではありません**。

たとえば、将来への経済的な備えが可能なフリーランス向きの保険というものもあります。

例 養老保険

具体的な話をしましょう。

「**養老保険**」というものをご存じでしょうか。これがまた字面の関係で、若い人にはまったく興味をもってもらえないと思いますが、実は状況と使い方次第では非常に便利な保険です。

養老保険とは

カテゴリ的には生命保険の一種です。決められた期間に一定の

保険料

例）年間 50 万円 × 5 年間 ＝ 合計 250 万円を支払った場合

❶ 保険金として受け取る	満期に利息つきの350万円を一括でもらう
❷ 年金として受け取る	月６万円ずつ、５年間もらう
❸ 加入して１年後に死亡した場合	すぐ満額（350万円）もらえる&以後の保険料は払わなくてOK

保険料を支払うことで、10年や20年後の満了時に、利息のついた保険金を一括ないし年金として受け取ることができます。またもし被保険者が死亡した場合は、死亡保険金が遺族に支払われます。

定められた期間を無事経過できれば利息付き保険金、万が一亡くなったら死亡保険金。つまり、**貯蓄と保障の両方の性質を併せ持っている**わけですね。支払った保険料は基本的に無駄になることはなく、利息つきで返ってきます（加入後、早々に任意解約した場合などは別）。

もうちょっと具体的な例を挙げましょう。

たとえば養老保険で年間50万円の保険料を5年、つまり合計250万円ぐらい支払ったとします。

すると保険加入から10年後ぐらいに、保険金として350万円ぐらいの金額を一括で受け取る、あるいは年金として月6万円ずつを5、6年間ぐらいもらえたりするわけです。

掛け捨て保険

保険料は安い ＆ 支払われる保険料も高い

➡ ただし、病気をしなかったら支払った保険料がムダになる

養老保険

保険料が高い ＆ 支払われる保険料は安め

➡ その分支払った保険料がムダになることはない（利子もつく！）

また、たとえば加入してから一年後に不慮の事故で亡くなったとしましょう。その場合、一年分の保険料（この例では50万円）しか払っていなかったとしても、即座に満額の保険金350万円が遺族に支払われることになります。また、以降の保険料については納付義務がなくなります。

掛け捨て保険との違い

ところでこの例を見て、「50万円×5年＝250万円の保険料で、支払われる生命保険がたったの350万円!? 少ない！」と思う人もいるかもしれません。

それは間違いなく掛け捨ての保険と混同しています。掛け捨て。つまり支払った保険金が戻ってくるとは限らないタイプの保険です。生命保険や医療保険などではよく見受けられますね。

掛け捨ての保険は、支払った保険料が無駄になる場合もあるものの、保険料自体はかなり安く、また一方で支払われる保険金も多くなるのが特徴です。
前述の養老保険などは、支払った保険料が無駄になることはまずないものの、保険料自体はかなり高く、支払われる保険金も少ないわけですね。

つまり、たとえば掛け捨ての医療保険に加入したとして、病気や怪我をしなければ、当然保険料は無駄になります。若い人で保険を敬遠する人が多い理由はおそらくコレでしょう。元気なときに「自分が将来病気や怪我をする」なんて想像はなかなかできませんし（だからこそ医療保険なんかは若いときに入ったほうが安かったりするんですが）。

保険に加入すべき理由

というわけで。**保険の種類は多分私たちが思っている以上に多く、あなたの状況に合わせて活用できるものはきっとあります**。
「保険なんて大体、保険料を無駄にして終わりだろ？」なんて偏見だけは持たず、状況に応じた保険を選択できれば、間違いなく重要な武器になり得ます。

たとえば「今のところ独身だけど、将来的に結婚する可能性はある」という人は多いと思います。この場合、「自分が死んだときに備えて生命保険に入りたい」という人はまずいないでしょう。ですが一方で「将来は不安定なので積み立てしておきたい」という人は少なくないと思います。そんな場合は**字面に騙されることなく養老保険を一考する価値はある**と思います。

もちろんノーリスクとは言えません。お金を積み立てる形になる以上、退職金と同じようにインフレリスクや可処分所得が減るというリスクはついて回ります。ですが、漫然と銀行預金にしておくぐらいなら、間違いなく一考する価値はあります。

逆にすでに家族がいて、自分になにかあったときのために備えたい、という場合なら掛け捨ての生命保険に入るのも手です。掛け捨ての場合、支払う保険料が無駄になる可能性はありますが、支払う保険料自体はかなり安いですし、反対に支払われる保険金はかなり高いはずですから。

保険利率にも注目

ただ、**保険は時勢に強く影響される**ということも覚えておきましょう。

たとえば、今の日本は超低金利時代と言われています。こういう場合、多くの保険でも利率が低く調整されていたりするので、加入はよく考えたほうがいいでしょう。

余談ながら、1980年代のバブルの頃の保険利率は凄まじく、「オレはバブル期に死ぬまで年金が出るタイプの保険に入ったから殺さないほうが得だぞ」なんてジョークがよく聞けるとか。もしまたバブルのときのように金利が上がる時代がきたら、保険加入を考える価値は十分にあるでしょう。

例 学資保険

ほかにも、子どもが生まれたときに多くの親御さんが加入を考えるという「**学資保険**」というものがあります。

子供が高校や大学へ進学するとなると、かなりのお金が必要となります。ただその出費は

学資保険

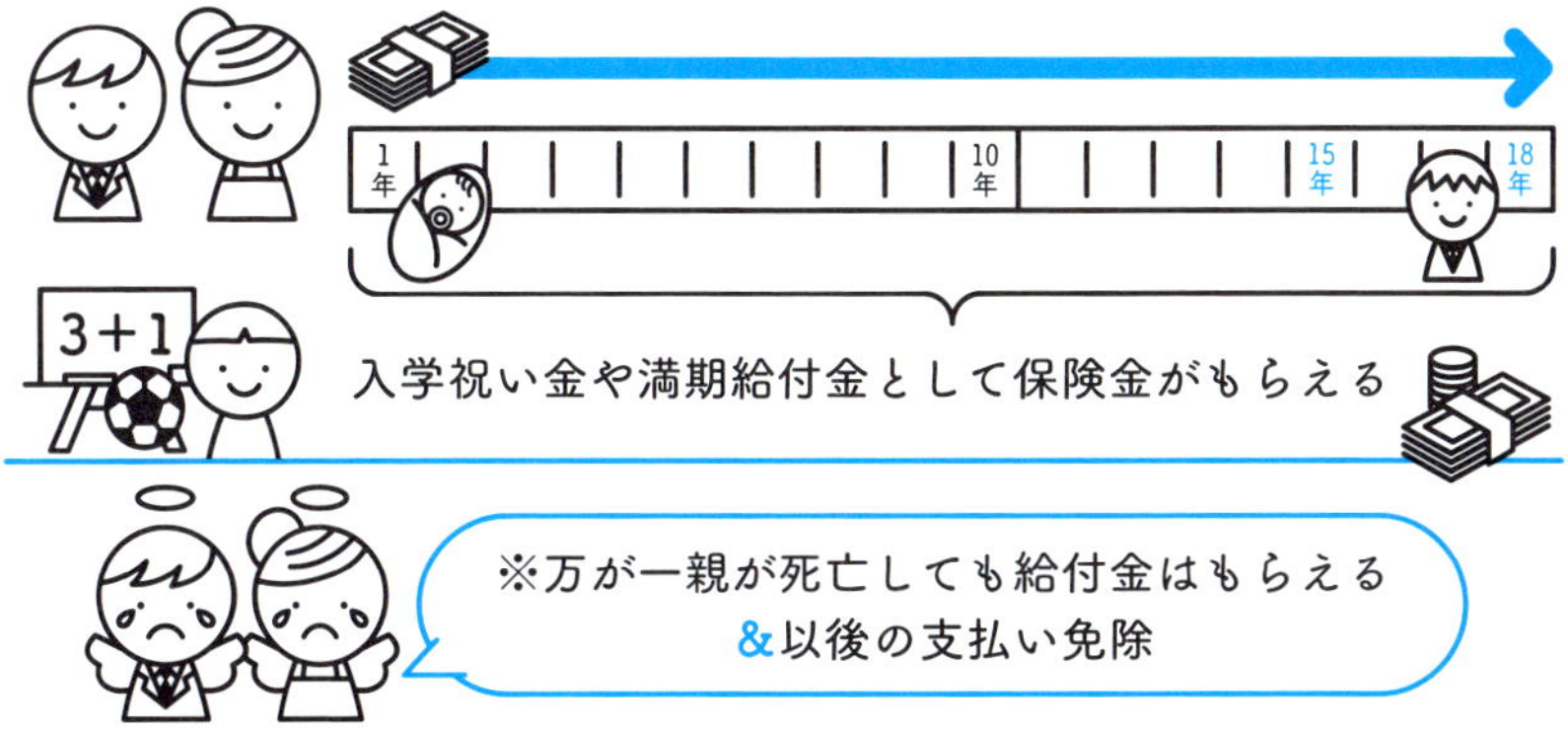

15年後とか18年後とあらかじめ予想できるわけですから、そのときに保険金が出るように、計画的に保険料を積み立てていくのが学資保険のざっくりとした概要です。しかも、この手の保険には親が亡くなった場合、以降の保険料の支払いが不要になるなどの機能がついていることがほとんどです。

15年後とか18年後の出費に備えて資産を形成したい、しかももし自分に万が一のことがあったら、保険金が出るようにしたい――ってこれ、養老保険でもほぼ同じことができるわけですね。つまり、学資保険というカテゴリにこだわる必要もないわけです。

おまけ

外建て保険には要注意

また、たとえば今、日本円はどうなっているでしょうか？　円高でしょうか、円安でしょうか？

世界的に見て円高基調なら、米ドル建てや豪ドル建て――つまり

「日本円ではなく外貨で運用される貯蓄性のある保険に入る」という手もあります。オーストラリアなどは日本よりはるかに利息が高いですし、極端な話、円高のときに外貨建てで養老保険に入り、円安のときに解約できれば凄まじい利益が出るわけですね。

もちろん利益だけではなく、生命保険もついてきますし。

とはいえ、「これだけ円高なら！」と外貨建て保険に入ったものの、解約のときさらにスーパー円高になって大損するリスクはもちろんあります。ただ据置といって、お金を受け取る時期を先延ばしにしたりできますけど。

特に日本ではずっとデフレが続いてきた一方、海外では多くの国々でインフレとなっており、利息が高い代わり貨幣の価値がどんどん下がっているわけです。貨幣の価値が下がれば当然為替に影響が出るわけですから、単純に利息に釣られて保険に加入することもまたオススメはできません。

そうです。「外貨建て保険」なんて話になると、もはや投資の領域です。生活資金に余裕がないときなんかは一切考慮する必要はありません。

保険料控除について〜「一般生命保険」「個人年金保険」「介護・医療保険」〜

ようやくここで本題に入りますが、日本には保険料控除という制度があります（注1）。これは、**「あなたが任意で保険に入って将来への備えとしているのなら、保険料に応じていくらか税金を安くしてあげよう」という制度**です。

例 生命保険に入っていた場合

保険料にもよりますが、**所得税で最大4万円、住民税で最大2万8000円が控除**されます。つまり年に8万円払う生命保険に入っていた場合、所得税・住民税がそれぞれ10％だったとして、6800円の節税効果があるわけですね。

「年間8万円の保険料支払いで6800円の節税効果」と言うと全然大したことないように見えるかもしれませんが、これが掛け捨ての保険でなければ8・5％の年利になるわけで

注1：名前からして大変ややこしいですが、国保などとは別の控除です。

保険料

例）年間８万円の生命保険料を支払った場合

控除額	所得税：最大４万円
	住民税：最大２万 8,000 円

→ 6,800 円の節税効果

掛け捨てでなければ年利 8.5％と同じこと！

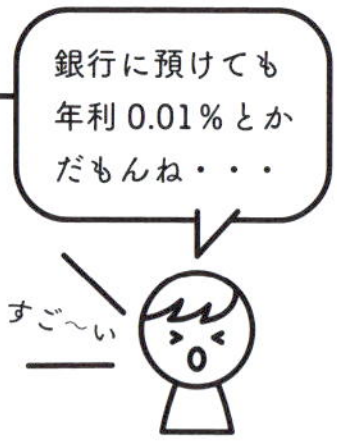

すから、どんな日本の銀行の利息より高いことは間違いありません。

もっとも、**保険料控除の上限は４万円**と決まっています。仮に年に50万円払う養老保険に入っていたとしても、控除額はやっぱり所得税で４万円。住民税で２万８０００円まで。所得税・住民税がそれぞれ10％だったとして、節税効果はやっぱり６８００円止まり。保険料50万円を支払っていたとしても、保険料控除による年利は１・３％に過ぎません。

３つの保険料控除

また、喜ぶべきかややこしいと悲しむべきか、保険料控除は次の３種類があり、それぞれに控除が設定できます。

❶一般生命保険
❷個人年金保険
❸介護・医療保険

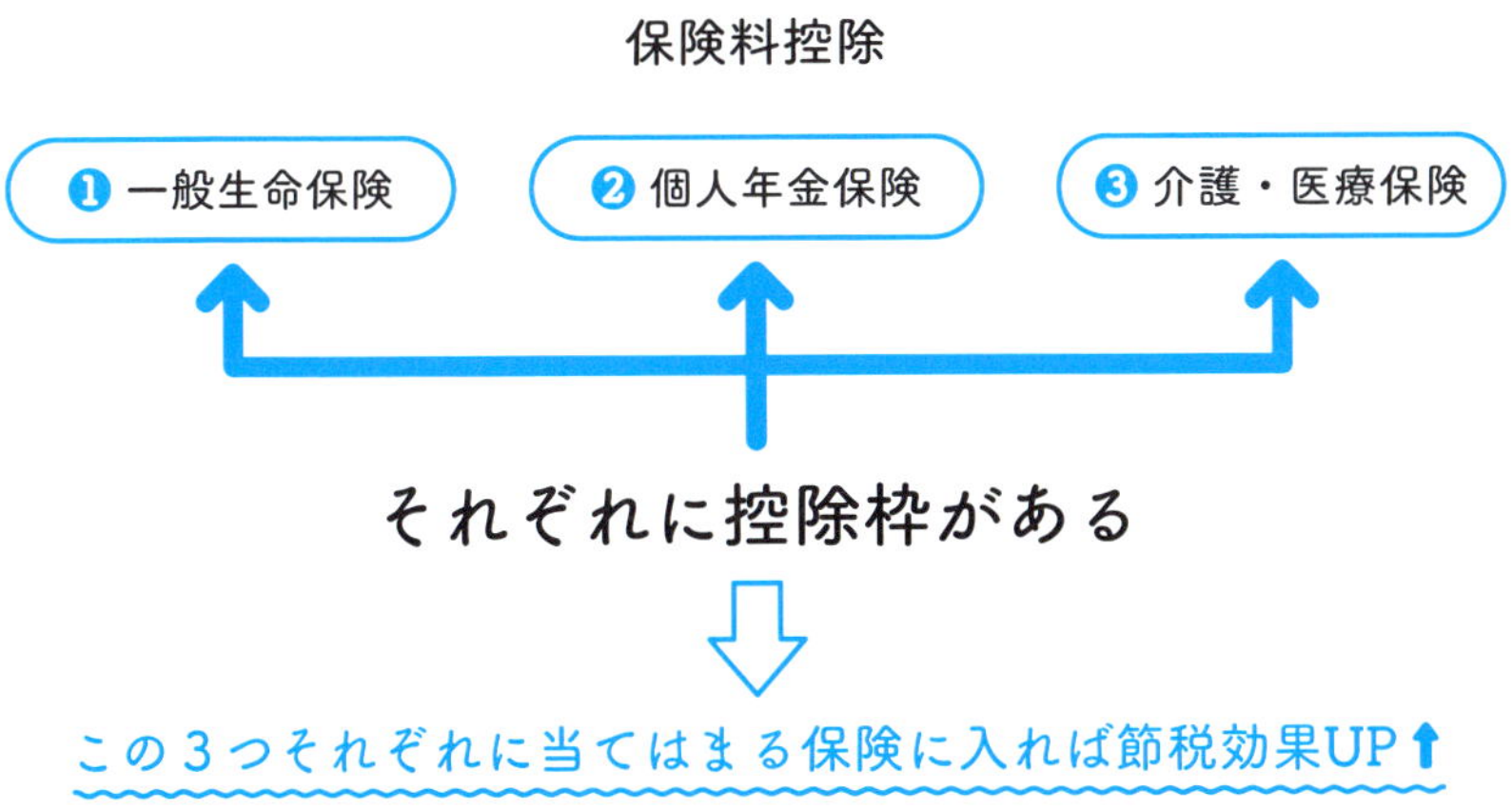
保険料控除
❶ 一般生命保険
❷ 個人年金保険
❸ 介護・医療保険
それぞれに控除枠がある
この３つそれぞれに当てはまる保険に入れば節税効果UP

つまり**この3種類の保険に入っていれば、それぞれ個別に控除枠がもらえる**わけですね。

先ほど生命保険による節税効果の例を挙げましたが、生命保険は文字どおり「**❶一般生命保険**」にあたります。ちなみに前述した養老保険もここですね。

つまり、「❷個人年金保険」「❸介護・医療保険」分についてはまだ保険料控除枠が残っているわけです。掛け捨てではない保険で、**この3つの保険料控除枠すべてを埋めるようにして保険に加入すれば、一応それなりの節税効果は出ます**。

保険料控除の計算方法

３つの保険料控除をすべて活用すると、控除料の計算が少々複雑です。

前述しましたが、一般生命保険加入による控除は、所得税は４万円まで、住民税は２万８０００円までです。

〔保険料控除の計算式〕

⬇ 所得税

年間の支払保険料等	控除額
2万円以下	支払保険料等の全額
2万円超　4万円以下	支払保険料等×1/2＋1万円
4万円超　8万円以下	支払保険料等×1/4＋2万円
8万円超	一律4万円

⬇ 住民税

年間の支払保険料等	控除額
1万2,000円以下	支払保険料等の全額
1万2,000円超　3万2,000円以下	支払保険料等×1/2＋6,000円
3万2,000円超　5万6,000円以下	支払保険料等×1/4＋1万4,000円
5万6,000円超	一律2万8,000円

一般生命保険以外にも、個人年金保険や介護・医療保険と3種類の控除枠があるので、**3つ合わせれば所得税は最大12万円まで控除が可能**になるわけです。

ところが！

住民税の控除は、2万8000円×3＝8万4000円とはならず、どういうわけか**最大7万円まで**です。1万4000円分は切り捨てられます。平成23年12月31日以前の制度の名残らしいですが、おかげでややこしいことこのうえありません。

一応、保険料控除の計算式は上図のようになっています。

つまり、「❶一般生命保険」「❷個人年金保険」「❸介護・医療保険」の3つに、それぞれ年間8万円支払えば最大の控除をもらえるわけですね。

ただ保険のリスクを考慮せず、保険料控除を目的に保険に入ることは勧められません。**保険はあくまで自分や家族への備えを第一に検討しましょう**。

計算してみよう

具体例を出しましょう。

前述した3種類の保険控除をすべて埋めるため、生命保険・個人年金保険・医療保険に月額5000円払う契約をしたとします。

❶生命保険　月額5000円　年間計6万円
❷個人年金保険　月額5000円　年間計6万円
❸医療保険　月額5000円　年間計6万円

すると、控除額は次のようになります。

❶一般生命保険　所得税控除3万5000円　住民税控除2万8000円
❷個人年金保険　所得税控除3万5000円　住民税控除2万8000円
❸介護・医療保険　所得税控除3万5000円　住民税控除2万8000円

よって、この例における所得控除は10万5000円。所得税率を10％として**節税効果は**

1万5000円ということになります。

住民税控除は8万4000円ですが、前述の通り住民税の最大控除額は7万円となります。住民税は一律10％なので**7000円の節税効果**ですね。

つまり年間18万円の保険に加入することで、最低1万7500円の節税効果が生まれます。

保険料が掛け捨てでなければ、利息9・7％とも言えるんですけどね……。多分そんな都合のいい掛け捨てでない保険はないと思いますが。

ただいずれにせよ、3つの保険による備えがついたうえで年間1万7500円の税金が安くなると考えれば、状況によっては悪くないと思います。

保険の選び方 ～無理せず自分にあったものを探そう～

というわけで。保険なんてものは、結局100%自己責任。損するか得するかはまったく分かりません。ただ、適切な保険を選べば将来の備えになることだけは間違いありません。特に、保険に入って損したという例は枚挙に暇がありませんが、保険に入って得したという例もまた枚挙に暇がありません。インターネットなどでは特に失敗談のほうが広がりがちですが、むやみに偏見を持つ必要だけは決してないと思います。

ではたくさんの保険から、自分の目的にあった保険を捜すにはどうしたらいいか？ 簡単です、専門家に相談しましょう。では専門家はどこにいるか？ まず思い浮かぶのは、デパートなんかにある保険の無料相談窓口とかですね。それから銀行です。どこの銀行でも、間違いなく保険の紹介というのはやってくれます。

もちろん、「町中の無料相談所なんて、仲介料取ることしか考えていないからロクな保険を紹介されないぞ？」なんて話は大変よく耳にします。ですがまあ無料ですし、どんな保険があるか話だけ聞きに行って参考にする分には問題ないと思います。

その気がなければもちろん保険加入は断りましょう。無料相談所などの場合、相談の際に住所や電話番号を聞かれることもありますが、言いたくなければ言わなくても大丈夫です。それでも強引に聞かれるようであれば席を立ちましょう。また、保険は種類や契約状況にもよりますが、クーリングオフ制度の対象にもなります。

なお、個人的経験から申し上げると、自分が口座を持っている大手銀行に相談に行くぶんには、そう構える必要はないとも思います。特に銀行側からすれば、自分のところに口座を持ってる客に金融商品を紹介した挙げ句、揉めればロクなことがないというのはよく分かってるはずですし。

ただ、これは私が「銀行から紹介された保険に入って良かった」という経験があるから言えるのであって、もし逆の立場の人がいれば、間違いなく私と真逆のことを言うと思います。そしてその人の言っていることが間違っていると私が断言することもできません。

何度も言いますが結局保険は自己責任。将来の備えと言えば聞こえはいいですが、ギャンブルと言ってしまえばそれまでですから。でもタイミングと用途さえ合致すれば、本当に便利なんですけどね……。

第10章

自分の身を守る法律

【消費税・下請法・契約締結上の過失・独占禁止法】

誰も教えてくれない、お金に関わる法律の話
「消費税」「下請法」「独占禁止法」

フリーランスとしてやっていく以上、困るのは決して税金や保険のことだけではありません。

一番厄介なものがトラブルです。親事業者（クライアント）（注1）から案件を受け、報酬をもらうのがフリーランスの一番よくある働き方でしょう。その関係上、フリーランスは親事業者に不利な条件を押しつけられる場合が少なくありません。

- 当初提示されていたギャランティを一方的に減額された
- 契約書になかった仕事を勝手に増やされた
- 合理的な根拠がないのに無償での修正作業を強いられた
- 依頼案件を一方的にキャンセルされた

フリーランスとしてやっていく以上、こういった問題から無縁でいられることはまずあり得ません。

あなただったらどんな解決方法をご存じでしょうか？　簡単なのは、頼れる知り合いに仲介を頼むことでしょう。しかし、あなたに代わって親事業者相手に大立ち回りを演じてくれるような、都合のいい知り合いは滅多にいるものでもありませ

注1：本項では「親事業者・発注企業・依頼主」といった単語が登場します。いずれも「あなたに依頼を発注する個人ないし組織」という意味では同じですが、たとえば下請法上では「親事業者」と表現される一方、分かりやすさという点では「発注企業」とするほうが適切であることから、本書では適宜使い分けています。

ん。

ですがそんなとき、**あなたを守ってくれる制度や法律があります。問題はそれが知られていないということ**です。なにせ学校でも教えてくれませんし、フリーランスになるからといって誰かが教えてくれるわけでもありません。

別に知らなくても恥じゃありませんし、知らないなら知ればいいだけの話です。ただ、法律や制度というものは、**いつだって知っている者の味方**なんです。

そしてこの法律編は、間違いなくそのお手伝いができます。興味を持って頂けたら、このままページをめくってください。

ただし！

本書は別に法律を振りかざして親事業者とケンカしてください、なんて言うつもりはありません。インターネットで悪い風聞が一瞬で広まる今の時勢です、親事業者側だって、好きでフリーランスとケンカしたがっているわけではないはずです。話し合いで円満に解決できれば、それに越したことはありません。

それでも親事業者の不誠実さが明らかであり、自力で解決しなければならない状況になったとき、最後の拠り所となるのが制度や法律であるということは肝に銘じておきましょう。

消費税という制度について知っておきたいこと
～消費税分もらっていますか？～

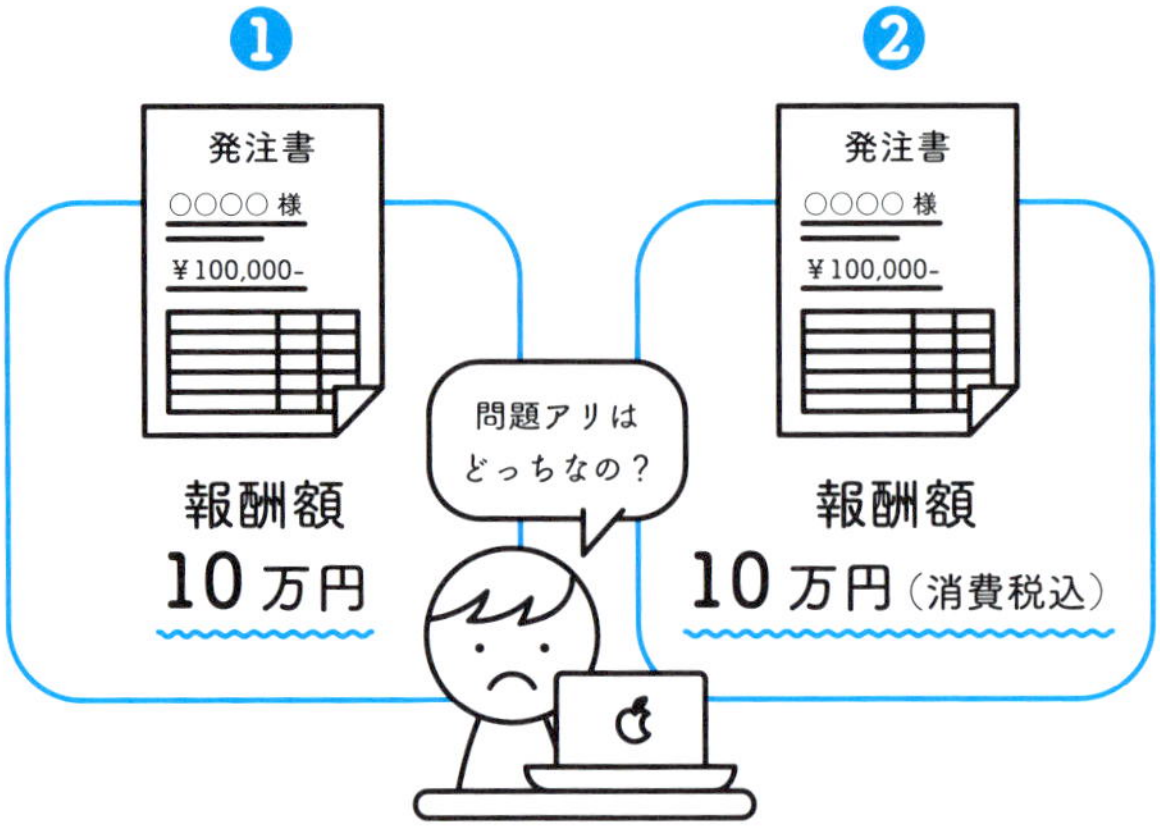

あなたがフリーランスであれば、次のような依頼を受けるケースが考えられます。

❶ 報酬額10万円の仕事
❷ 報酬額10万円（消費税込み）の仕事

クイズです。この2つのうち、法律上問題があるのはどちらでしょう？

すいません、ひっかけです。**正解は両方**です。

その理由が分からなかった、あるいは「なんで？」と思ったら、私もこの本を書いた甲斐があったというものです。学校でも教えてくれないのですから、知らなかったとしても恥でもなんでもありません。是非続きを読んでみてください。

「❶報酬額10万円の仕事」の問題点

さて、では早速解説に入りましょう。「❶報酬額10万円の仕事」にはどこに問題があるのでしょうか？

簡単です、**消費税が支払われていない**んです。

「なんだそんなことか」と思う人もいるかもしれません。ですが、「消費税を支払わないことは違法行為」だと書けばどうでしょう？

なんらかの**「商品や役務を提供する行為」を依頼する際は、報酬として消費税を支払わなければなりません。**これは「消費税《しょうひぜい》転嫁《てんか》対策《たいさく》特別《とくべつ》措置法《そちほう》」という法律に記されていることです。

つまり、あなたがフリーランスとして働けば、**消費税を加算した額を報酬として請求していい**んです。そしてもし発注企業が消費税の支払いを拒んだ場合は、「それ違法行為ですよ」

と指摘できますし、それでも支払いを拒まれれば「公正取引委員会に報告しなければならないんですが」と伝えることもできます。

ただし！　誰だって依頼主とケンカなんてしたくはないはずです。もし本当に「報酬額10万円の仕事」を提示された場合は、まず受けるかどうか検討する段階で「この案件では消費税を別に請求していいんでしょうか？」とやんわりと確認しておきましょう。

その上で消費税が支払われない場合は、「それは違法行為なんですが」とやんわりと指摘してみることをオススメします。

「❷報酬額10万円（消費税込み）の仕事」の問題点

では「❷報酬額10万円（消費税込み）の仕事」にはどんな問題があるのでしょう？

まず前提として知っておいてほしいのが、公正取引委員会と国は、**消費税が増税したとき大企業がその優越的な立場を利用して、増税分を中小企業に支払う報酬に転嫁することをものすごく警戒している**ということです。

消費税は今後も上がると予想されていますし、その度に増税分を報酬に転嫁されては我々

消費税込みの場合

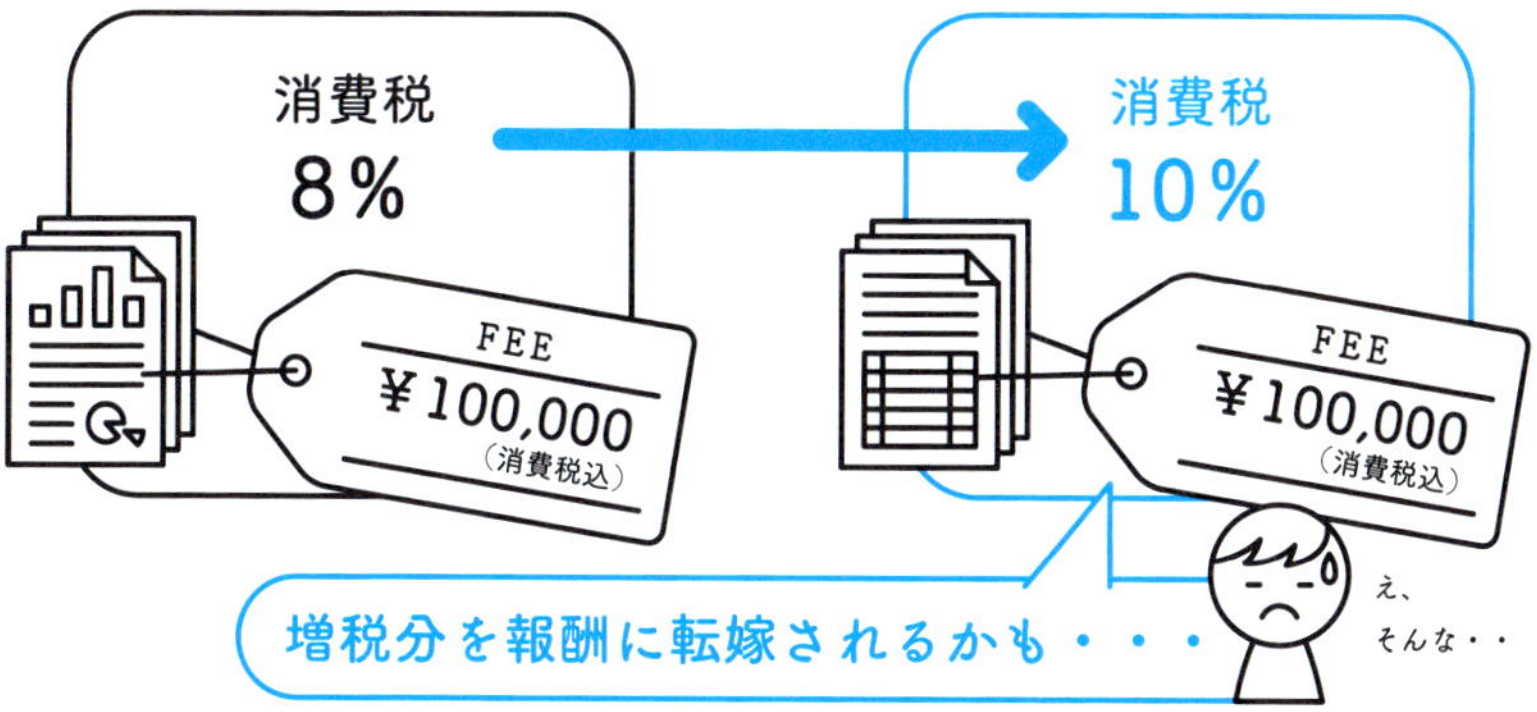

フリーランスも泣きを見ることになるのは誰の目にも明らかです。それでは公正な取引どころではないというわけですね。

そういった観点で見ると、「❷報酬額10万円（消費税込み）」という表示には、ある問題があります。これではあたかも消費税が報酬に転嫁されているように見えますし、たとえば今後消費税が10％に上がったとき、同じ仕事を受けた際に報酬額がちゃんと2％分上乗せされるのかも分かりません。

たとえば平成26年4月1日以前の消費税は5％だったわけですから、そのときから継続的に同じ仕事を受けていて、かつそのときのギャラが「報酬額9万7222円（消費税込み）」だった場合、消費税8％になったときに報酬額が3％増えて「10万円（消費税込み）」と扱われるのであれば、問題はないでしょう。

また、公正取引委員会は「**本体価格での交渉の拒否**」といって、**「消費税別の報酬額で交渉させてください」という申し出を、クライアント側が拒むことを禁止しています。**

だから、もしあなたが「仕事お願いします。報酬額10万円（消費税込み）で」と打診された場合、もちろんそのまま受ける分には構いません。ですが、「本体価格での交渉をお願いしたいので、報酬額10万円＋消費税として頂けないでしょうか」と交渉することはできますし、その際に「本体価格での交渉を拒否された場合、公正取引委員会に報告しなければならないんですが」と付け足すことも可能です。

実際にフリーランスとして働いていると、結構な確率で「消費税の転嫁拒否等に関する調査へのご協力のお願いについて」という封書が届くことになりますし、公正取引委員会のHPではいつでも報告を受けつけています。

なお、クライアント側から「では報酬額9万2593円＋消費税（8％）＝10万円で！」と提示されたら、もちろんそれまでの話ではあるんですが……！

フリーランスが知らないと身を守れない制度「下請法」〜契約書のココだけは必ずチェックしよう！〜

会社員とフリーランスでは、ひとつ大きな違いがあります。それは、**個々の案件を引き受ける際に契約書にサインする**ことです。

「会社と雇用関係にある会社員」と違い、「発注企業（親事業者）とフリーランス」にはまったく結びつきもないので、お互いに信頼できる環境を作るためにも報酬の額や納期などを契約書でしっかり約束しておく必要があるわけですね。

ところが「契約書にサインする際にはどこに注意すべきか」という話になると結構大変です。なにせフリーランスといっても仕事の幅は広く、報酬の幅も様々。一体どういう条件で契約すべきか、なんてある程度成功と失敗を経験しないと分かりません。

では契約書にサインするにあたって「これはチェックしたほうがいい」という最低限の項目はないのでしょうか？

会社概要

会社名	株式会社ソーテックス	代表者	山田　太郎
所在地	〒111-1111　東京都千代田区飯田橋 1-2-3		
電話番号	03-1234-5555	FAX	03-1234-6666
URL	http://www.sotecks.co.jp		
設立	1970 年 6 月	資本金	1,000 万円
事業内容	書籍編集・出版物制作発行・web 事業 企画立案・教育事業・セミナー		

もちろん、あります。それも、もの凄く簡単です。小学生でもできます。

見る場所は、**あなたに案件を依頼してきた企業の「資本金」**です。大体はＨＰなどに記載されているはずです。**その資本金が一千万円超どうか**をチェックしましょう。一千万円超、つまり一千万円ピッタリかそれ以下ではダメで、一千万一円以上ならＯＫです。

下請法について

契約書にサインするのになぜ資本金のチェックが重要になるかというと、**下請法の保護対象になる基準のひとつ**だからです。

下請法という法律を聞いたことはあるでしょうか？　正確には「**下請代金支払遅延等防止法**《したうけだいきんしはらいちえんとうぼうしほう》」といい、ニュースなどでも時折耳にすることがあると思います。たとえば大手の販売店が、製品の納入業者に店の手伝いをさせたことで下請法違反に問われた――なんてニュースは結構話題にもなりました。

親事業者、下請事業者の定義

下請法の対象となる取引は事業者の資本金規模と取引の内容で定義

❶ 物品の製造・修理委託及び法令で定める情報成果物・役務提供委託を行う場合

親事業者		下請事業者
資本金3億円超	→	資本金3億円以下（個人を含む）
資本金1千万円超3億円以下	→	資本金1千万円以下（個人を含む）

❷ 情報成果物作成・役務提供委託を行う場合（❶の情報成果物・役務提供委託を除く）

親事業者		下請事業者
資本金5千万円超	→	資本金5千万円以下（個人を含む）
資本金1千万円超5千万円以下	→	資本金1千万円以下（個人を含む）

受諾した取引の内容にもよりますが、基本的に**発注企業の資本金が一千万円超であり、かつ受注側がフリーランスであれば概ね下請法の保護対象となります**（詳しくは上図参照）。

では、どのような取引内容であればOKなのでしょうか？　公正取引委員会のHPでは次のように解説されています。

> **(1)　物品の製造・修理委託及び政令で定める情報成果物・役務提供委託を行う場合**
>
> **(2)　情報成果物作成・役務提供委託を行う場合（(1)の情報成果物・役務提供委託を除く）**

わけが分からないと思います。

本当に下請法を持ち出す場合は後述する相談所に確認してもらったほうがいいのですが、たとえば**「A社の依頼で製作し、A社以外には持って行きようのないもの」は概ね下請法の保護対象となる**と考えられます。

下請法の保護対象の例

依頼を受けて制作し、
他所に持っていけないもの

汎用性のあるもの

逆に下請法の保護対象にならない取引として有名なものに、**小説や漫画**があります。これらはA出版社でボツにされてもB出版社で出版の可能性があり、そういった**「汎用性のあるもの」は下請法の保護対象となりません**（ただし最近は「他紙で掲載しない」と独占的な契約をする漫画連載などもあり、そういったものは下請法の保護対象になる可能性は充分にあります）。

下請法と契約書の関係

ではここでようやく本題です。

下請法の保護対象になることと、契約書にどのような関係があるのでしょうか？

まず、下請法という法律すべてを紹介するとなると大変面倒です。なんだかんだで大変長い法律ですから。そこで、「下請法でフリーランスがどのような保護を受けられるか」という点だけでも知っておきましょう。それだけでも、ありとあらゆるフリーランスにまつわるトラブルからあなたを守ってくれます。

まず個人的経験ですが、フリーランスが揉める原因の9割は、大体この3点です。

❶報酬の問題（支払いがない、支払いが遅延している、一方的な報酬の減額など）
❷親事業者の都合で仕様が変更になり、一方的に作業量を増やされた
❸親事業者の都合で依頼が急遽取り消しになった

全然知られていませんが、下請法では親事業者がこういった行為を含む十一項目を禁止しているんです。フリーランスには大変重要なことなので、次からのページにまとめておきます。

この手の解説は恐らく並んでいるのを見るだけでウンザリすることと思いますが、フリーランスなら見ておく価値は充分にあります。

親事業者の禁止行為

1 受領拒否の禁止（第4条第1項第1号）

親事業者が下請事業者に対して委託した給付の目的物について、下請事業者が納入してきた場合、親事業者は下請事業者に責任がないのに受領を拒むと下請法違反となります。

2 下請代金の支払遅延の禁止（第4条第1項第2号）

親事業者は物品等を受領した日（役務提供委託の場合は、役務が提供された日）から起算して60日以内に定めた支払期日までに下請代金を全額支払わないと下請法違反となります。

3 下請代金の減額（第4条第1項第3号）

親事業者は発注時に決定した下請代金を「下請事業者の責に帰すべき理由」がないにもかかわらず発注後に減額すると下請法違反となります。

4 返品の禁止（第4条第1項第4号）

親事業者は下請事業者から納入された物品等を受領した後に、その物品等に瑕疵があるなど明らかに下請事業者に責任がある場合において、受領後速やかに不良品を返品するのは問題ありませんが、それ以外の場合に受領後に返品すると下請法違反となります。

5 買いたたきの禁止（第4条第1項第5号）

親事業者が発注に際して下請代金の額を決定するときに、発注した内容と同種又は類似の給付の内容（又は役務の提供）に対して通常支払われる対価に比べて著しく低い額を不当に定めることは「買いたたき」として下請法違反になります。

6 購入・利用強制の禁止（第4条第1項第6号）

親事業者が、下請事業者に注文した給付の内容を維持するためなどの正当な理由がないのに、親事業者の指定する製品（自社製品を含む）・原材料等を強制的に下請事業者に購入させたり、サービス等を強制的に下請事業者に利用させて対価を支払わせたりすると購入・利用強制となり、下請法違反となります。

7 報復措置の禁止（第4条第1項第7号）

親事業者が、下請事業者が親事業者の下請法違反行為を公正取引委員会又は中小企業庁に知らせたことを理由として、その下請事業者に対して取引数量を減じたり、取引を停止したり、その他不利益な取扱いをすると下請法違反となります。

8 有償支給原材料等の対価の早期決済の禁止（第4条第2項第1号）

親事業者が下請事業者の給付に必要な半製品、部品、付属品又は原材料を有償で支給している場合に、下請事業者の責任に帰すべき理由がないのにこの有償支給原材料等を用いて製造又は修理した物品の下請代金の支払期日より早い時期に当該原材料等の対価を下請事業者に支払わせたり下請代金から控除（相殺）したりすると下請法違反となります。

9 割引困難な手形の交付の禁止（第4条第2項第2号）

親事業者は下請事業者に対し下請代金を手形で支払う場合、支払期日までに一般の金融機関で割り引くことが困難な手形を交付すると下請法違反となります。

10 不当な経済上の利益の提供要請の禁止（第4条第2項第3号）

親事業者が、下請事業者に対して、自己のために金銭、役務その他の経済上の利益を提供させることにより、下請事業者の利益を不当に害すると下請法違反となります。

11 不当な給付内容の変更及び不当なやり直しの禁止（第4条第2項第4号）

親事業者が下請事業者に責任がないのに、発注の取消若しくは発注内容の変更を行い、又は受領後にやり直しをさせることにより、下請事業者の利益を不当に害すると下請法違反となります（注：ただし代償行為は認められており、たとえば「発注先の都合で一方的に作業量が増やされた場合」などは、適切な報酬が上乗せされれば下請法上の問題はないとされています）。

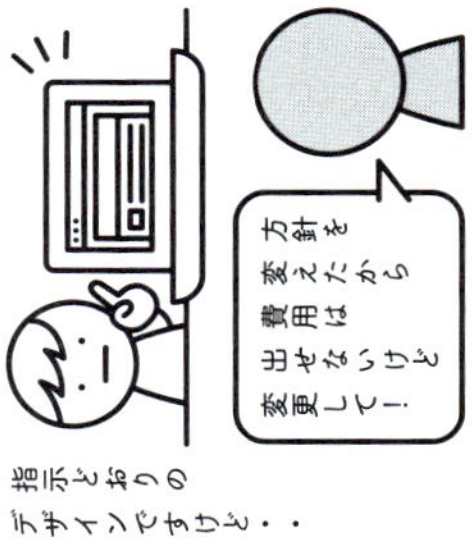

引用　公正取引委員会ホームページ「親事業者の禁止行為」より
https://www.jftc.go.jp/shitauke/shitaukegaiyo/oyakinsi.html

契約書の文面よりも強い「強行法規《きょうこうほうき》」

覚えてほしいのは、こういった下請法に記された発注企業の禁止行為は、すべて**「強行法《きょうこうほう》規《き》」という条文**だということです。強行法規なんてなかなか目にする単語ではないと思いますが、これは「法令の規定のうちで、当事者間の合意の如何を問わず、適用される規定」というもので、ようするに「**契約書の文面よりも優先する法律の規定**」なんです。

「契約書をチェックする前に、発注企業の資本金を調べましょう」と申し上げた理由はもうお分かりでしょう。つまり**発注企業の資本金が一千万円超で、下請法の保護適用となる取引であれば**、前述したような「フリーランスあるある」のトラブルが生じても、**下請法で守られるようになる**わけです。たとえ契約書に「当初の見積もりより作業量が増えても受注者は無償でこれに応じる」なんて一文があったとしても、**下請法に基づく対応を発注企業に求めることができます**。

では、発注企業の資本金が一千万円以下だった場合はどうすればいいのでしょうか？　実際、資本金が９９０万円という会社はかなりあります（これは下請法逃れではなく、消費税対策のひとつなんです）。

もちろんその場合は、契約書を細かくチェックするしかありません。ただ下請法を知ってさえいれば、どのような条件に注意すべきかが逆に分かるはずです。

つまり本来なら下請法で保護される箇所――「**報酬の支払い期限の明記**」、「**発注先の都合で仕様変更になった場合の追加料金の設定**」、「**依頼が取り消しになった場合の損害金の規定**」。そういったことが契約書に盛り込まれているかを確認すればいいわけですね。

実際に下請法に違反すると思しき行為があった場合

では、実際に下請法に違反すると思しき行為があった場合はどう対処すればいいのでしょうか？　これも実はかなり簡単です。手順はたった2つだけのうえに、非常に重要かつ有効なので是非覚えておきましょう。

例　あなたに責任がないのに、報酬の追加なしで一方的に作業量を増やされた場合

❶専門家に、当該の案件が下請法に違反するかどうかを確認しましょう。（弁護士、あるいは中小企業庁の委託無料相談所「下請駆け込み寺」など）

取引の内容や契約など、下請法が適用されるかどうかはケースバイケースという一言に尽きます。安易に素人判断で「これは下請法違反だ！」と決めつけるのは非常に危険なので、必ず専門家に助言を仰ぎましょう。

❷専門家の助言で下請法に違反している可能性が高いと分かった場合、発注企業に次のようなメールを送りましょう。

「下請法に基づき追加代金を請求いたします。二〇△△年〇月×日までにご返答いただけない場合、あるいは支払いを拒否される場合は、公正取引委員会に通報させていただきます。また貴社の下請法違反を報告・立証するのに必要な範囲で守秘義務契約は破棄させていただきます」

できればメールではなく、**配達証明つきの内容証明を使うことが推奨されます**。ようするに「そんなメール届いてないよ！」という言い訳を防ぐわけですね。

これで親事業者が動いてくれなければ、あとは公正取引委員会に報告して動きを待つほかありません。

下請法を知らず、泣き寝入りした経験

ちなみにこの下請法。我々受注側、つまりフリーランスにもほとんど知られていないうえに、親事業者になるような企業にも知られていないことが非常に多いです。そのために「発注先の都合で仕様が変更になり、一方的に作業量を増やされた」なんて話はそもそも違法行

為なのでどちらが悪いかなど本来は明白なのですが、大体の場合は知識のないフリーランス側が泣き寝入りということになります。

お恥ずかしながら、私もその一人です。

すいぶん前にゲームシナリオの執筆依頼を受けたことがありました。当初の見積もりでは200KBほどの執筆量（原稿用紙換算で160枚ぐらい）でギャランティが100万円という案件だったのですが、発注してきたゲーム会社の要求通りに執筆した結果、最終的には240KBほどになりました。当初の見積もりを大きく超えたので40KB分の追加ギャランティを要求したところ、「そんな要求は聞いたことがない」と叱責と共に拒否されてしまいました。

明白な下請法違反です。ですが当時の私はそんな法律など知らなかったので、そのまま泣き寝入りです。

下請法を行使し、逸失利益《いっしつりえき》を取り返した経験

逆に、下請法を知っていたがために有利な条件を勝ち取れたケースもあります。

以前、私個人を指名してのゲームシナリオの執筆依頼がありました。条件は良かったので

注2：あくまで私個人の事例です。ほかの事例でも同じことができるとは限りません。

私としても受ける方向で話を進め、打ち合わせもしていたのですが、ある日突然、「今回の依頼は弊社の都合でキャンセルすることになりました」というメールが届いたのです。

こちらはすでにそのゲームシナリオ執筆のためにスケジュールを確保し、時間を費やして検討も進めていた段階です。それをいきなり、何の理由もなしにキャンセルされては堪りません。また、これは下請法に違反する行為でもあります。

そこで、「**一方的な依頼のキャンセルは下請法違反ですので、必要経費と逸失利益をお支払いください。回答がない場合、もしくはお支払い頂けない場合は違法行為立証に必要な範囲で守秘義務契約を破棄し、また公正取引委員会に通報させて頂きます**」と連絡したところ、日当と交通費、逸失利益《いっしつりえき》（この案件を受けるために断った、ほかの依頼の報酬分）を支払って頂くことができました（注2）。

前者のケースでは下請法を知らなかったがために大損をし、後者では下請法を知っていたから損を取り返せたというわけです。ちなみに、前者の件では少なく見積もって20万円の損を被り、後者の件では30万円ほどのギャランティをお支払い頂くことができました。

フリーランスをやっていくうえで下請法を知らないことの恐ろしさ、お分かり頂けるでしょうか……！

いざというとき頼りになる法理論「契約《けいやく》締結《ていけつ》上《じょう》の過失《かしつ》」

前頁で、「依頼を突然キャンセルされたことがある」という話をしました。この際、私は下請法違反であることを指摘して逸失利益などをお支払い頂くことができましたが、実は一度先方の企業に支払いを断られたという経緯がありました。

向こうの言い分はこうです。

「こちらはまだ契約を検討している段階だったという認識でおります」

今からすごく大事なことを言います。

もしあなたがフリーランスの立場で、発注されていた案件を一方的にキャンセルされたとしましょう。そして下請法に基づいて逸失利益・必要経費を請求した場合、先方の企業は非常に高い確率で同じことを言います。「こちらは契約の検討段階という認識でした」と。もう、そういうテンプレートができあがっているのではと思うほどに。

その言い分に対抗する手立てはないのでしょうか？

契約締結上の過失

あります。それが「**契約締結上《けいやくていけつじょう》の過失《かしつ》**」という法理論です。

ある契約を締結するにあたっては、発注側と受注側双方の綿密な検討が必要になるのが当然です。たとえば打ち合わせもそうでしょう。その案件がどんな内容であり、どんな条件かを先方の企業に聞きに行き、そして受けるかどうかを決めるのに打ち合わせは必須です。場合によってはサンプルを作ることもあるでしょう。

そういった労力をかけているにもかかわらず、「まだ契約してないから・何も法的な拘束力はないから」という理由で簡単に契約締結を撤回されてはたまりません。

そこで法律的には「**契約が成立する前の準備段階であっても、当事者間には一定の信頼関係が形成されており、そのような信頼を一方的に裏切って相手側に損害を与えた場合は、損害賠償義務を負う**」とする解釈がされており、また裁判例が出ています。

今回の場合

前述の案件は、たくさんのフリーランスがいる中で、私個人を指名したうえでの依頼でした。つまりその時点で先方は、「私であればこの依頼に対応できる」と判断していたと解釈するのが自然です。その上、打ち合わせやメールなどを通じて受諾を前提に話を進めていましたし、依頼のキャンセルは100％先方の都合によるものであることが、先方から受け取ったメールで明らかになっていました。

また私はこの件を受諾する前提でスケジュールを確保し（実際、この案件のために別案件を断っていました）、打ち合わせを行い依頼を完遂するために必要な調査も行っていました。

そのため、この件で先方が一方的に依頼を撤回することには「契約締結上の過失」が認められ、相手側には私への日当や逸失利益・必要経費を支払う義務が生じる可能性が高い——というわけですね。

注意点

もちろん問題もあります。「契約締結上の過失」は法律上の理論というだけで、下請法のような法律で定められているわけではありません。仮にあなたが「契約締結上の過失」を持ち出したとしても、最終的にそれが認められるかは裁判所が判断することです。

つまり「契約締結上の過失」があるからといって、**直ちに警察や公正取引委員会が正義の裁きをくだしてくれるわけでもない**んです。もし親事業者側に「それがどうした？」と言われれば、実際に民事裁判を起こして損害賠償を認める和解が成立したり判決が出たりしない限り、効果は発揮されません。もちろん、裁判で有利な判決が出る可能性が高くなるのは間違いありませんが。

ただ普通の企業であれば、自分に非があれば謝罪もしますし事を公にしたくないものです。あなたが「契約はまだ検討上の段階でした」と煙に巻かれ、大きな損害が出る状況であれば、「契約締結上の過失」を持ち出すことでどちらに非があるかをより明白にし、あなたの助けになるかもしれません。フリーランスなら覚えておいて損はありません。

下請法がダメでもこれがある！　「独占禁止法」

前項において、下請法は幅広いフリーランスの案件に適用されるもの、小説や漫画、あるいは発注企業（親事業者）の資本金などによっては適用されない場合もあるとお話ししました。では、下請法の保護を受けられない案件で「依頼を一方的にキャンセルされた」場合などは、泣き寝入りするか民事裁判でも起こすしかないのでしょうか？

実はもう一つ手があります。それが、独禁法こと「**独占禁止法**」です。

そもそも独禁法というと、文字通り企業が独占的な商売を行うことを禁止、つまり大手の企業に制約をかけるだけの法律と思いがちです。しかし独禁法とは**大手の企業から案件を受注する下請け企業側を保護する法律でもある**んです。

実は、フリーランスが独禁法の保護対象になるかどうかについては長年線引きが曖昧となっていました。フリーランスというのは比較的新しい時代の働き方であり、労働者なのか企業なのかという線引きすらされておらず、独禁法はもちろん労働者を保護する法律である労働基準法でも保護されていなかったわけです。

ところが2018年2月、公正取引委員会の「労働環境改善を議論する公正取引委員会の有識者検討会」が、「**企業と雇用契約を結ばず働くフリーランスは、独禁法の保護対象となりうる**」という考え方をまとめたと発表したことから、フリーランスが独禁法の保護対象となる可能性が一気に高まったという経緯があります。

独禁法の保護対象になることのメリット

では独禁法の保護対象になると、どのような恩恵があるのでしょうか。

たとえば案件を発注する企業は、当然ながら誰に発注するかを選ぶ権利があり、業界内における声も大きいわけです。その優越的な立場を利用して、「ウチに逆らうならこの業界で生き残れないようにするぞ！」なんてことを言われたら、下請けの中小企業は泣き寝入りするしかありません。そこで独禁法には、そういった「**優越《ゆうえつ》的《てき》地位《ちい》の濫用《らんよう》**」を禁止する規定があります。

具体的には、優越的な立場を利用しての、**一方的な「納期の短縮」「ギャランティの減額」**

注1：たとえば「発注の一方的キャンセル」があった場合、まず下請法の適用になるかを判断し、難しければ独禁法を適用するという順番になります。

優越的地位の濫用

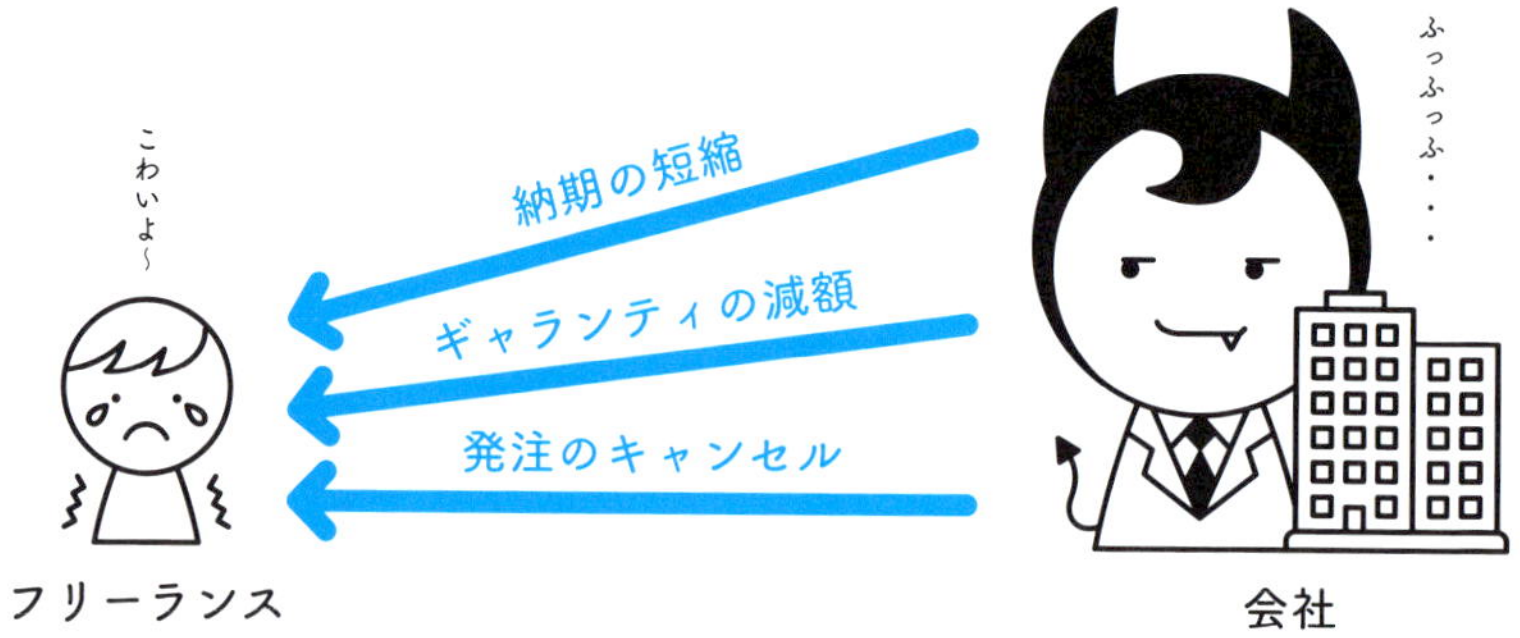

「発注のキャンセル」などが独禁法上問題のある行為となります。

これを見てなにかお気付きではないでしょうか？　そうです、下請法における発注企業の禁止行為と非常に似通っているんです。実際、**下請法は独禁法の補完法という位置づけ**になるそうです（注1）。

ただ、フリーランスが法律で重く保護されるようになった結果、企業側がフリーランスに案件を発注することに躊躇するようになったら——といった懸念が提起されているのは事実であり、公正取引委員会は前述の報告書を「今後の方針にします」とは一切口にしていません。

しかし専門家による検討会の結論を公正取引委員会が軽視することはあり得ないそうで、今後は多少の調整が入りつつもフリーランスが独禁法で保護されることはほぼ間違いなさそうです。

ようするに先ほど挙げたような**独占禁止法上問題のある行為が行われた場合、下請法と同じように公正取引委員会への通報が可能**というわけですね。

ちなみにこの「労働環境改善を議論する公正取引委員会の有識者検討会」の報告書、フリーランスにとっては実に興味深いことが色々書かれています。できれば全部転載したいぐらいですが、それでは無駄にこの本の価格が上がってしまうので、今は代表的なものだけを紹介しましょう（興味があれば是非公正取引委員会のＨＰで見てみることをオススメします）。

例 氏名表示権《しめいひょうじけん》の不行使《ふこうし》

たとえばフリーランスでよくある問題のひとつに、「**自分が受けた仕事を実績として公開できない**」というものがあります。いわゆる「氏名表示権（注2）の不行使」を契約書で約束させられるケースですね。

これにはいくつか理由もあります。私の経験だと、どうしてもゲームシナリオが例になってしまうのですが、たとえば可愛い女の子が多数出てくるゲームを想像してください。それを「あのキャラクターのシナリオを書いたのは私です！」なんてアラフォーのおっさんが主張したらどうでしょう？　可愛いはずのキャラクターを見るたび、シナリオライターの顔や人格が連想されるという弊害が生じかねません。

そんなわけで、ゲームのシナリオライターには「氏名表示権の不行使」特約を契約させら

注2：氏名表示権：著作者人格権の一つで、自分の著作物を公表する際、著作者名を表示する・しないを選択できる権利。なお実際の契約では「氏名表示権」だけではなく著作者人格権そのものを不行使とすることが多いです。

氏名表示権の不行使

れることが多かったんです。

しかし氏名表示権を行使できないと、書いたライターが自分の実績として公表することができません。フリーランスのゲームシナリオライターの場合、自分の実績をもとに次の仕事をもらうことも多く、氏名表示権が行使できないことは死活問題になりかねないとしてよく話題になっていました。

そこで前述の報告書では次のような結論が出されたのです。

「発注者が、役務提供者から提供された役務を利用して製作等した成果物を自らの成果物であるとして公表する一方で、役務提供者に対して自らが役務を提供した者であることを明らかにしないようにする義務」について、

「（中略）自由競争減殺の観点から、（中略）競争手段の不公正さの観点から、（中略）優越的地位濫用の観点から、独占禁止法上問題となり得る」

「氏名表示権」が行使できないと・・・

例）ゲームシナリオの場合

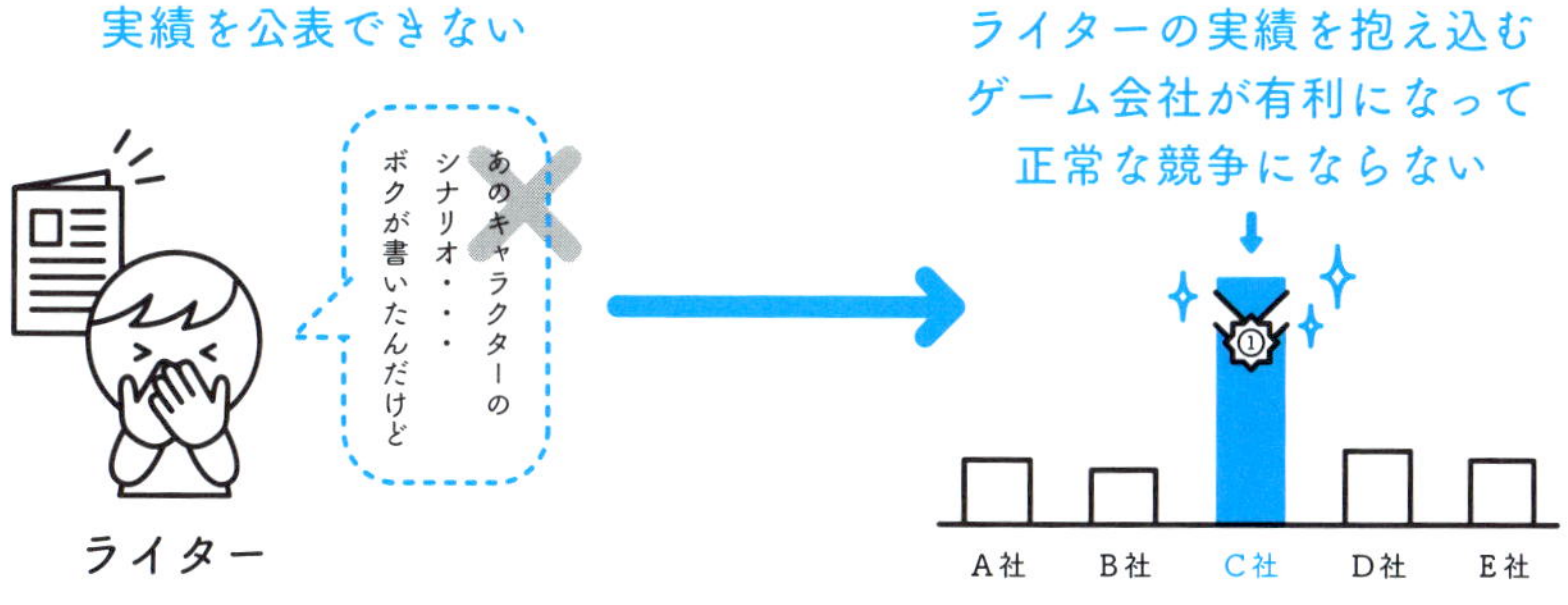

つまり氏名表示権を行使できない問題を、発注者と受注者だけに留まらずもっと広い視点で捉えた場合、**被害は受注者だけにとどまらず社会全体に及ぶので法律的に問題となる可能性がある**と結論をくだしてるんですね。

「氏名表示権の不行使」をもっと広い視点で考えると…

続けてゲームシナリオの例で解説しましょう。たとえばゲームシナリオを執筆したにもかかわらず、それを実績として公表できないという問題をより広い視点で見るとどうなるでしょうか？

まずほかのゲーム会社が、ライターさんの実績を正しく評価してスカウトするということができなくなります。こうなるとシナリオライターの実績を抱え込んでいるゲーム会社と、そうでないゲーム会社との間で正常な競争が成り立たなくなります。

会社間で正常な競争ができず、適切な実績のある適切なシナリオライターを捜せなくなると、極論ではありますが最終的には一般のゲームユーザーにも被害が及ぶ——というわけです。

注意点

ただ、「氏名表示権を不行使とする特約」は有効であるという見解も存在しており、**この報告書があるからといって親事業者側が「氏名表示権の不行使」特約の締結をフリーランス側に求めてくる現状が直ちに改善するとは限らない**ようです。なので残念ながら「氏名表示権の不行使特約を求められた場合、こうすれば拒否できます！」と書くことはできません。

それでも、あなたがフリーランスとして交渉を行う際の指針として、このような報告書があることを知っておくことは間違いなく有益となるはずです。また実際に公正取引委員会に独禁法違反として報告することはできますし、そのとき公取委があなたに有利な判断をしてくれる可能性もまた充分にあるのも事実です。

余談ながら私の場合、「こういう報告書が出されているので、ネット上で『この案件を担当しました』と公言したりはしませんが、独占禁止法の観点から職務履歴書に書くことくらいは許可して頂けないでしょうか」とお願いしたところ、あっさり許可が出たことがありました。

というわけで。下請法に触れたときも解説しましたが、別に**発注企業とケンカしてくださいというつもりはありません**。

ですが残念なことにトラブルというのは皆無ではありません。もし本当に争わなければならなくなった場合、下請法と共に独禁法についてもその概要だけでも知っておけば、必ずあなたの助けとなることは覚えておいても損はありません。

おわりに

「法律や制度は、いつだって知っている人の味方」

本文中でも何度か書きましたが、フリーランスをやっていると、この教訓のことをよく思い知らされます。青色申告特別控除の利益の凄まじさや、下請法によるフリーランスの保護。どちらも知らなかったがために、私は痛い目に遭い続けてきました。

そして今、日本ではフリーランスが増加傾向にあり、ツイッターなどのSNSではフリーランスが親事業者にひどい対応をされたという事例がよく報告されています。

そんな報告を見ているうちに、あることを思いました。フリーランスとして何度も痛い目に遭ってきた私の教訓の中には、ほかの人の問題解決に役立つものがあるのではないかと。

かくしてできあがったのが本書です。どのような形でも構いません、もし本書があなたのお役に立てたのであれば、これに勝る喜びはありません。

最後に謝辞を。本書は「小説家になろう」という小説投稿サイトにエッセイとして投稿していたものです。それを見いだし、書籍化という機会を与えてくださったソーテック社の小川様に心より感謝申し上げます。

師走トオル

監修協力：上野 将史　（税理士）
清水 卓　　（弁護士）

フリーランスが知《し》らないと損《そん》する　お金《かね》と法律《ほうりつ》のはなし

2018年11月30日　初版第1刷発行

著　者　師走《しわす》トオル
発行人　柳澤淳一
装　幀　植竹裕
編集人　福田清峰
発行所　株式会社　ソーテック社
〒102-0072 東京都千代田区飯田橋4-9-5　スギタビル4F
電話：注文専用　03-3262-5320
FAX：　　　　　03-3262-5326
印刷所　図書印刷株式会社

ISBN978-4-8007-2062-7